Les Oeuures de CLEMENT MAROT DE CAHORS, VAlet de chambre du Roy.

Augmentées de deux Liures d'Epigrammes : Et d'ung grand nombre d'aultres Oeuures par cy deuant non imprimées.

Le tout songneusement par luy mesmes reueu, & mieulx ordonné.

A Lyon : au Logis de Monsieur Dolet.

M. D. XXXVIII.

Auec priuilege pour dix ans.

STEPHANVS DOLETVS AD CLEMENTIS MAROTI LIBRVM.

Autoris arte tui ſuperbus in lucem
Exi Liber : ſed non minus ſuperbè unguem
Oſtende cuilibet, nitore tam raro,
Mendisq; nullis exiens nunc in lucem.
Exire ſic te uoluimus nomine Amici,
Purum, nitidum, terſum, & carentem omni labe.

CLEMENT MAROT A ESTIENNE DOLET SALVT.

E tort, que m'ont faict ceulx, qui par cy deuant ont imprimé mes Oeuures, est si grand, et si oultrageux, cher Amy Dolet, qu'il a touché mon honneur, et mis en danger ma personne: car par auare conuoitise de vendre plus cher, et plustost ce, qui se vendoit assez, ont adiousté a icelles miennes Oeuures plusieurs aultres, qui ne me sont rien: dont les vnes sont froidement, et de mauluaise grace composées, mettant sur moy l'ignorance d'aultruy: et les aultres toutes pleines de scandale, et sedition: de sorte qu'il n'a tenu a eulx, que durant mon absence, les Ennemys de Vertu n'ayēt gardé la Frãce, a moy de iamais plus nous entreueoir. Mais la grace de Dieu par la bõte du Roy (cõme tu scais) y a pourueu. Certes i'ose dire sans mentir (toutesfoys sans reproche) que de tous ces miens Labeurs le proffit leur en retourne. J'ay planté les Arbres, ilz en cueillent les fruictz. J'ay trayné la Charrue, ilz en serrent la moisson: et a moy n'en reuient qu'un peu d'estime entre les hommes: lequel encor ilz me veulent estaindre, m'attribuant Oeuures sottes, et scandaleuses. Je ne scay comment appeller cela, sinon ingratitude, que ie ne puis auoir desseruie: si ce n'est par la faulte, que ie feis, quand ie leur donnay mes Copies. Or ne suis ie seul, a qui ce bon tour a esté faict. Si Alain Chartier uiuoit, croy hardiment (Amy) que vouluntiers me= ttendroit compaignie a faire plaincte de ceulx de leur Art, qui a ses Oeuures excellentes adiousterent, La contre Dame sans mercy : l'Hospital d'Amours : La complaincte de Sainct Valatin : & la Pastourelle de Granson: Oeuures certes indignes de son nom, & aul tant sorties de luy, comme de moy : La complaincte de la Bazoche: l'Alphabet du temps present : l'Epitaphe du Conte de Sales: & plusieurs aultres lourderies, qu'on a meslées en mes Liures. Encores ne leur a souf= fy de faire tort a moy seul, mais a plusieurs excellens Poëtes de mon temps: desquelz les beaulx Ouurages les Libraires ont ioinctz auecques les miens, me fai= sant (maulgre moy) usurpateur de l'honneur d'aul= truy. Ce que ie n'ay peu sçauoir, & souffrir tout ensem= ble. Si ay iecté hors de mon Liure non seulement les mauluaises, mais les bõnes choses, qui ne sont a moy, ne de moy : me contentant de celles, que nostre Muse nous produict. Toutessois au lieu des choses reiectées (affin que les Lecteurs ne se plaignent) ie y ay mis douze fois aultãt d'aultres Oeuures miennes, par cy deuant non imprimées : mesmement deux Liures de Epigrammes. Et apres auoir reueu & le vieil, & le nou ueau, chãgé l'ordre du Liure en mieulx, & corrigé mille sortes de faultes infinies procedans de l'Imprimerie, i'ay conclu t'enuoier le tout, affin que soubz le bel, & ample Priuilege, qui pour ta Vertu meritoire t'a esté octroyé du Roy, tu le fasses (en faueur de nostre amy= tie) reimprimer, non seulement ainsi correct, que ie le t'enuoye, mais encores mieulx: qui te sera facile, si tu y veulx mettre la diligence egalle a ton sçauoir. Si te prie de tout mon cueur y vouloir vacquer en Amy, m'aydant a garder diligemment les Imprimeurs, & Libraires, que desormais ilz n'y adioustent rien sans m'en aduertir: & ilz feront beaucoup pour eux. Car si

Oeu= ures mal at= tribuées à Alain Char= retier.

Les oeu ures de Marot augmẽ= tées.

i'ay aulcunes Oeuures a mettre en lumiere, elles tumberont assez a të ps en leurs Mains, non ainsi par pieces comme ilz les recueillent ca & la, mais en belle forme de Liure D'aduãtaige, par telles leurs additions se romp tout l'ordre de mes Liures, qui tant m'a cousté a dresser. Lequel ordre (docte Dolet, & vous aultres Lecteurs debonnaires) i'ay voulu changer a ceste derniere reueue, mettant l'Adolescence a part: et ce qui est hors d'Adolescence, tout en vng: de sorte que plus facilement, que parauant, rencontrerez ce, que vouldrez y lire. Et si ne le trouuez la, ou il souloit estre, le trouuerez en reng plus conuenable. Vous aduisant, que de tous les Liures, qui par cy deuant ont esté imprimez soubz mon nom, i'aduoue ceulx cy pour les meilleurs, plus amples, & mieulx ordonnez. Et desaduoue les autres, comme Bastardz, ou comme Enfans gastez. Escript a Lyon ce dernier Iour de Iuillet. l'An Mil cinq cës Trente et huict.

L'ordre des oeuures de Marot changé.

LA MORT N'Y MORD.

NICOLAI BORBONII VANDOPERANI POETAE CARMEN.

AD LECTOREM.

Sæpe quod inſperſis nugis fœdauerat auſus
Quorundam, ut ſunt hæc candida Secla parum:
En tibi nunc, Lector, patria fornace recoctum,
Spectandumq́; nouo lumine prodit Opus.
Hîc nihil eſt, quod non ſic elimauerit Autor,
Vt metuat Momi iudicis ora nihil.

L'ADOLESCENCE CLEMENTINE.

Marot a son Liure.

RAcler te veulx (approche toy mon Liure)
Vng tas d'escriptz, qui par d'aultres sõt faictz.
Or ua, c'est faict: cours legier, & deliure:
Deschargé t'ay d'ung lourd, & pesant faix.
S'ilz sont Escriptz (d'aduenture) imparfaictz,
Te veulx tu faire en leurs faultes reprendre?
S'ilz les font bien, ou mieulx, que ie ne fais,
Pourquoy veulx tu sur leur gloire entreprendre?
Sans eulx (mon Liure) en mes Vers pourras prendre
Vie apres moy, pour iamais, ou long temps.
Mes Oeuures donc content te doibuent rendre:
Peuples, & Roys s'en tiennent bien contentz.

Marot enuoye le Liure de son Adolescence a vne Dame.

TV as (pour te rendre amusée)
Ma Jeunesse en Papier icy.
Quant a ma Jeunesse abusee,
Vne aultre que toy l'a vsée:
Contente toy de ceste cy.

NICOLAVS BERAL-
DVS IN CLEMENTIS
MAROTI ADOLE-
SCENTIAM.

Hi sunt Clementis iuueniles, aspice, lusus:
Sed tamen his ipsis est iuuenile nihil.

CLEMENT MAROT A VNG GRAND NOMbre de Freres, qu'il à: tous Enfans d'Apollo, Salut.

IE ne sçay (mes treschiers Freres) qui m'a plus incité a mettre ces miennes petites Jeunesses en lumiere, ou voz continuelles prieres: ou le desplaisir, que i'ay eu d'en ouir crier, et publier par les Rues vne grande partie toute incorrecte, mal imprimée, & plus au proffict du Libraire, qu'à l'honneur de l'Autheur. Certainement toutes les deux occasions y ont seruy: mais plus celle de voz prieres. Puis doncques, que vous estes cause de l'euidence de l'Oeuure, ie suis d'aduis, s'il en vient blasme, que la moytie en tumbe sur vous: et s'il en sort (d'aduenture) honneur, ou louange, que vous, ne moy n'y aions rien, mais celluy, a qui seul est deu honneur, & gloire. Ne vous chaille (mes Freres) si la courtoisie des Lecteurs ne nous excuse, le Tiltre du Liure nous excusera. Ce sont Oeuures de ieunesse, ce sont coups d'essay: ce n'est (en effect) aultre chose, qu'un petit Jardin, que ie vous ay cultiué de ce, que i'ay peu recouurer d'Arbres, d'Herbes, et Fleurs de mon Printemps: la ou (toutesfoys ne verrez vng seul brin de Soucie. Lisez hardiment, vous y trouuerez quelcque delectation: et en certains endroictz quelcque peu de fruict. Peu dis ie, pource qu'Arbres nouueaulx entez ne produisent pas fruictz de trop grande saueur. Et pource qu'il n'y a Jardin, ou ne se puisse rencontrer quelcque herbe nuisante, ie vous supplie (mes Freres, & vous nobles Lecteurs) si aulcun mauluais Exemple (d'adueture) en lisant se presentoit deuant voz yeulx, que vous luy fermiez la porte de voz voulentez: & que le pis, que vous tirerez de ce Liure, soit passetemps. Esperant, de brief vous faire offre de mieulx: & pour Arres de ce mieulx, desia ie vous metz en veue, apres l'Adolescence, Ouurages de meilleure trempe, & de plus polie estoffe: mais l'Adolescence ira deuant. Et la commencerons par la premiere Eglogue des Bucoliques Virgilianes, translatée (certes) en grande ieunesse: comme pourrez en plusieurs sortes congnoistre: mesmement par les Couppes feminines: lesquelles ie n'obseruois encor alors: dont Jan le Maire de Belges (en les m'apprenant) me reprint. Et Adieu Freres tresaymez: lequel ardamment ie supplie vous donner, & continuer sa grace. De Paris. ce douziesme d'Aoust. 1530

L'ADOLESCENCE CLEMENTINE,

C'est assauoir les Oeuures, que Clement Marot composa en l'Aage de son Adolescence.

LA PREMIERE Eglogue des Bucoliques de Virgile.

Melibée.

Oy Tityrus gisant dessoubz l'Ormeau
Large, & espez, d'ung petit Chalumeau
Chantes Chansons rustiques en beaulx Chantz:
Et nous laissons (maulgre nous) les doulx Châps,
Et noz Pays. Toy oysif en l'umbrage
Faiz resonner les Forestz, qui font rage
De rechanter apres ta Chalemelle
La tienne Amye Amarillis la belle.

Tityrus.

O Melibée, Amy chier, & parfaict,
Vng Dieu fort grand ce bien icy m'a faict.
Lequel aussi tousiours mon Dieu sera,
Et bien souuent son riche Autel aura
Pour Sacrifice vng Aigneau le plus tendre,
Qu'en mon Trouppeau pourray choisir, & prendre:
Car il permect mes Brebis venir paistre
(Comme tu voys) en ce beau Lieu champaistre:
Et que ie chante en mode pastouralle
Ce, que vouldray de ma Fluste ruralle.

Melibee.

Je te prometz, que ta bonne Fortune
Dedans mon cueur ne met enuie aulcune:
Mais m'esbays, comme en toutes saisons
Malheur nous suyt en noz Champs, & Maisons.
Ne voys tu point, gentil Berger, helas,
Je tout malade, & priue de soulas
D'ung lieu loingtain mene cy mes Cheurettes
Accompagnées d'Aigneaulx, & Brebiettes.
Et (qui pis est) a grand labeur ie meine
Celle, que voys tant meigre en ceste Plaine,
Laquelle estoit la totalle esperance
De mon Troupeau. Or n'y ay ie asseurance,
Car maintenant (ie te prometz) elle a
Faict en passant, pres de ces Couldres la,
Qui sont espez, deux gemeaulx Aigneletz,
Qu'elle a laissez (moy contrainct) tous seuletz,
Non dessus l'herbe, ou aulcune Verdure,
Mais tous tremblans dessus la Pierre dure.
Ha Tityrus (si i'eusse este bien sage)
Il me souuient, que souuent par presage
Chesnes frappez de la Fouldre des Cieulx
Me predisoient ce mal pernicieux.
Semblablement la sinistre Corneille
Me disoit bien la fortune pareille.
Mais ie te pry, Tityre, compte moy,
Qui est ce Dieu, qui t'a mis hors d'esmoy?

Tityrus.

Je sot cuidois, que ce, que lon dit Romme,
Fust vne Ville ainsi petite, comme
Celle de nous: la ou maint Aignelet
Nous retirons, & les Bestes de laict.
Mais ie faisois semblables a leur Peres
Les petitz Chiens, & Aigneaulx a leurs Meres,
Accomparant (d'imprudence surpris)

Chose petite a celle de grands pris:
Car (pour certain) Romme noble, & ciuile
Lieue son Chef par sus toute aultre Ville,
Ainsi que sont les grands, & haultz Cipres
Sur ces Buyssons, que tu voys icy pres.

Melibée.

Et quel motif si expres t'a esté
D'aller veoir Romme?

Tityrus.

Amour de Liberte:
Laquelle tard toutesfois me vint veoir:
Car ains que vint, barbe pouuois auoir.
Si me veit elle en pitie bien expres,
Et puis ie l'euz assez long temps apres:
C'est assauoir, si tost qu'euz accoinctée
Amarillis, & laissé Galathée.
Certainement ie confesse ce poinct,
Que quand i'estoys a Galathée ioinct,
Aulcun espoir de Liberte n'auoye,
Et en soucy de Bestail ne viuoye:
Voire & combien, que maintesfois ie feisse
De mes Trouppeaux a noz Dieux sacrifice,
Et nonobstant que force gras Fourmage
Se feist tousiours a nostre ingrat Village,
Pour tout cela, iamais iour de Sepmaine
Ma Main chez nous ne s'en retournoit pleine.

Melibée.

O Amarille: moult ie m'esmerueilloys,
Pourquoy les Dieux d'ung cueur triste appelloys:
Et m'estonnois, pour qui d'entre nous hommes
Tu reseruoys en l'Arbre tant de Pommes.
Tityre lors n'y estoit (a vray dire)
Mais toutesfois (o bien heureux Tityre)
Les Pins treshaultz, les Ruisseaulx, qui couloient,
Et les Buissons adoncques t'appelloient.

Tityrus.

Qu'eusse ie faict, sans de chez nous partir?
Je n'eusse peu de Seruice sortir,
N'ailleurs, que la, n'eusse trouué des Dieux
Si a propos, ne qui me duissent mieulx.
La (pour certain) en estat triumphant
(O Melibee) ie vey ce ieune Enfant:
Au los de qui nostre Autel par coustume
Douze foys l'An en Sacrifice fume.
Certes c'est luy, qui premier respondit
A ma requeste, & en ce poinct me dit:
Allez Enfans, menez paistre voz Boeufz,
Comme deuant, ie l'entends, et le veulx:
Et faictes ioindre aux Vaches voz Taureaux.

Melibee.

Heureux Vieillard sur tous les Pastoureaux,
Doncques tes Champs par ta bonne aduenture
Te demourront, et assez de Pasture,
Quoy que le Roc d'herbe soit despouillé,
Et que le Lac de bourbe tout souillé,
Du Jonc lymeux couure le bon herbage,
Ce neantmoins le mauluais Pasturage
Ne nourrira iamais tes Brebis pleines:
Et les Trouppeaux de ces prochaines Plaines
Desormais plus ne te les gasteront,
Quand quelcque mal contagieux auront.
Heureux Vieillard, desormais en ces Prées
Entre Ruisseaux, & Fontaines sacrées
A ton plaisir tu te reffreschiras:
Car d'un costé ioignant de toy auras
La grand Closture a la Saulsaye espesse,
La ou viendront manger la Fleur sans cesse
Mousches a miel, qui de leur bruyt tant doulx
Te inciteront a sommeil tous les coups.
De l'autre part, sus vng hault Roc sera

Le Rossignol, qui en l'Air chantera.
Mais ce pendant, la Palombe enrouée,
La Tourte aussi de chasteté louée
Ne laisseront a gemir sans se taire
Sus vng grand Orme: & tout pour te complaire.

Tityrus.

Doncques plustost Cerfz legiers, & cornuz
Viuront en l'Air: et les Poissons tous nudz
Seront laissez de leurs Fleuues taris:
Plustost boyront les Parthes Araris
Le Fleuue grand: & Tigris Germanie:
Plustost sera ma Personne bannie
En ces deux lieux: et leurs Fins, & Limites
Circuiray a iournees petites,
Ains que celluy, que ie t'ay racompté,
Du souuenir de mon cueur soit osté.

Melibée.

Helas et nous irons sans demeurée
Vers le Pais d'Affricque l'alterée:
La plus grand part en la froide Scytie
Habiterons: ou irons en Parthie
(Puis qu'en ce point Fortune le decrete)
Au Fleuue Oaxe impetueux de Crete.
Finablement viendrons tous esgarez
Vers les Angloys du Monde separez.
Long temps apres, ou auant que ie meure,
Verray ie point mon Pais, & demeure?
Ma pauure Loge aussi faicte de Chaulme?
Las s'il aduient, qu'en mon petit Royaulme
Reuienne encor, ie le regarderay,
Et des Ruines fort ie m'estonneray.
Las fauldra il, qu'un Gendarme impiteux
Tienne ce Champ tant culte, et fructueux?
Las fauldra il, qu'un Barbare estrangier
Cueille les Bledz? O en quel grand dangier

Discorde a mis et Pasteurs, et Marchans?
Las, et pour qui auons semé noz Champs?
O Melibée, plante Arbres a la Ligne,
Ente Poyriers, mectz en ordre la Vigne:
Helas pour qui? Allez iadis heureuses,
Allez Brebis, maintenant malheureuses.
Apres cecy, en ce grand Creux tout verd,
La ou souuent me couchoys a couuert,
Ne vous verray iamais plus de loing paistre
Vers la Montaigne espineuse, & champaistre:
Plus ne diray Chansons recreatiues:
Ny dessoubz moy pauures Cheures chetiues
Plus ne paistrez le Treffle florissant,
Ne l'aigre fueille au Saule verdissant.

Tityrus.

Tu pourras bien (ie te pry, que le vueilles)
Prendre repos dessus ces vertes Fueilles
Auecques moy ceste Nuict seullement.
J'ay a soupper assez passablement,
Pommes, Pruneaux, tout plein de bon Fructage,
Chastaignes, Aulx, auec force Laictage.
Puis des Citez les Cheminées fument,
Desia le feu pour le soupper allument:
Il s'en va nuict, et des hault Montz descendent
Les Vmbres grands, qui parmy l'Air s'espendent.

¶ Le temple de Cupido.

¶ A Messire Nicolas de Neufuille, Cheualier, Seigneur de Villeroy. Clem. Marot. S.

En reuoiant les escriptz de ma ieunesse, pour les remettre plus clerz, que deuant, en lumiere, il m'est entré en memoire que estant encores page, a toy, treshonoré Seigneur, ie composay par ton commandemẽt la queste de ferme Amour. Laquelle ie trouuay au meilleur endroit du temple de Cupido, en le visitant, comme l'age lors le requeroit. C'est bien raison donques, que l'oeuure soit a toy dediée, a toy qui la cõmandas, a toy mon premier maistre, a celluy seul (hors mis les princes) que iamais ie seruy. Soit donques consacré ce petit liure a ta prudence, noble Seigneur de Neufuille, affin qu'en recompẽse de certain temps, que Marot a vescu auecques toy en ceste vie, tu viues ca bas apres la mort auecques luy tant que ses oeuures dureront. De Lyon ce quinziesme iour de May. 1538.

SVr le Printemps, que sa belle Flora
Les champs couuers de diuerse flour a,
Et son amy Zephirus les esuente,
Quand doulcement en lair souspire, a vente,
Le ieune enfant Cupido Dieu d'aymer
Ses yeulx bandez commanda desfermer,
Pour contempler de son Throsne celeste
Tous les Amans, qu'il attaint, et moleste.
Adonc il veit au tour de ses Charroys
D'un seul regard maintz victorieux Roys,
Haultz Empereurs, Princesses magnifiques,
Laides, et laidz, visaiges Deifiques,
Filles, et filz en la fleur de ieunesse,
Et les plus fortz subiectz a sa haultesse.
Brief il congneut, que toute nation
Ployoit soubz luy, comme au vent le Sion.
Et qui plus est, les plus souuerains Dieux
Veit tresbucher soubz ses dartz furieux.
Mais ainsi est, que ce cruel Enfant
Me voyant lors en aage triumphant,
Et m'esiouyr entre tous ses souldars,
Sans poinct sentir la force de ses dars,
Voyant aussi, qu'en mes Oeuures, et dictz
J'allois blasmant d'amours tous les edictz,
Delibera d'un assault amoureux
Rendre mon cueur (pour vne) langoreux.
Pas ny faillit. Car par trop ardente ire
Hors de sa trousse vne sagette tire
De bois mortel, empenne de vengeance,
Portant vng fer forgé par desplaisance
Au feu ardant de rigoreux reffus,
Laquelle lors (pour me rendre confus)
Il deschargea sur mon cueur rudement.
Qui lors congneust mon extreme torment,
Bien eust le cueur rempsy d'inimitie,

Si ma douleur ne l'eust meu a pitie:
Car d'aulcun bien ie ne feuz secouru
De celle la, pour qui i'estoys feru:
Mais tout ainsi que le doulx vent Zephire
Ne pourroit pas fendre marbre, ou pourphire,
Semblablement mes souspirs, & mes criz,
Mon doulx parler, & mes humbles escriptz
N'eurent pouoir d'amollir le sien cueur,
Qui contre moy lors demeura vainqueur.
Dont congnoissant ma cruelle Maistresse
Estre trop forte, & fiere forteresse
Pour Cheualier si foible que iestoie,
Voyant aussi que l'amour, ou iectoie
Le mien regard, portoit douleur mortelle,
Deliberay si fort m'esloigner d'elle,
Que sa beaulte ie mettrois en oubli:
Car qui d'amours ne veult prendre le pli,
Et a desir de fuir le dangier
De son ardeur, pour tel mal estranger,
Besoing luy est d'esloigner la personne,
A qui son cueur enamouré se donne.
Si feiz deslors (pour plus estre certain
De l'oublier) vng voiage loingtain:
Car i'entreprins, soubz espoir de liesse,
D'aller chercher vne haulte Déesse,
Que Juppiter de ses diuines places
Jadis transmist en ces regions basses
Pour gouuerner les esperitz loyaulx,
Et resider es dommaines Royaulx.
Cest ferme Amour, la Dame pure, et munde,
Qui long temps a ne fut veue en ce Monde,
Sa grant bonté me feit aller grant erre
Pour la chercher en haulte Mer, et Terre,
Ainsi que faict vng Cheualier errant,
Et tant allay celle Dame querant,

Que peu de temps apres ma despartie,
J'ay circuy du monde grant partie,
Ou ie trouuay gens de diuers regars,
A qui ie dy, Seigneurs, si Dieu vous gard
En ceste terre auez vous point congnu
Vne pour qui ie suis icy venu?
La fleur des fleurs, la chaste columbelle,
Fille de paix, du monde la plus belle,
Qui ferme amour s'appelle. Helas, Seigneurs,
Si la scauez, soyez men enseigneurs.
Lors lung se taist, qui me fantasia:
Lautre me dit. Mille ans ou plus y a,
Que d'amour ferme en ce lieu ne souuint.
Lautre me dit, iamais icy ne vint.
Dont tout soubdain me pris a despiter:
Car ie pensois que le hault Juppiter,
L'eust de la terre en son Trosne rauie.
Ce neantmoins, ma pensée assouuie
De ce ne fut, tousiours me preparay
De poursuiuir. Et si deliberay
Pour rencontrer celle Dame pudique,
De men aller au Temple Cupidique
En mesbatant: car i'euz en esperance
Que la dedans faisoit sa demeurance.
Ainsi ie pars: pour aller me preparé
Par vng matin, lors qu'Aurora separe
D'auec le iour la tenebreuse nuict,
Qui aux deuotz Pelerins tousiours nuit.
Le droit chemin, assez bien ie trouuoye
Car ca, & la, pour adresser la voye
Du lieu deuot, les passans Pelerins
Alloient semant Roses, & Romarins,
Faisans de fleurs mainte belle montioye,
Qui me donna aulcun espoir de ioye.
Et daultre part, rencontray sur les rangs

Du grant chemin, maintz Pelerins errans
En souspirant, disans leur aduenture
Touchant le fruict d'amoureuse pasture:
Ce qui garda de tant me soucier,
Car de leurs gré vindrent m'associer,
Jusques a tant que d'entrer ie fuz prest
Dedans ce Temple, ou le Dieu damour est
Fainct a plusieurs, & aux aultres loyal.
Or est ainsi, que son Temple royal
Suscita lors mes ennuyez espritz:
Car enuiron de ce diuin pourpris
Il souspiroit le doulx vent zephirus.
Et y chantoit le gaillard Tityrus:
Le grant Dieu Pan, de par ces pastoureaux
Gardant Brebis, Boeufz, Vaches, & Thoreaux,
Faisoit sonner chalumeaulx, cornemuses,
Et flageoletz pour esueiller les Muses,
Nymphes des boys, & Déesses haultaines
Suyuans iardins, boys, fleuues, & fontaines:
Les oysellетz par grant ioye & deduyt
De leurs gosiers respondent a tel bruyt.
Tous arbres sont en ce lieu verdoians:
Petitz ruisseaulx y furent undoians,
Tousiours faisans au tour des prez herbus
Ung doulx murmure: & quand le cler Phebus
Auoit droit la ses beaulx rayons espars,
Telle splendeur rendoit de toutes pars,
Ce lieu diuin, qu'aux humains bien sembloit,
Que terre au ciel de beaulte ressembloit:
Si que le cueur me dit par preuidence
Cestuy manoir estre la residence
De ferme Amour, que ie queroye alors.
Parquoy voyant de ce lieu le dehors
Estre si beau, espoir m'admonnesta
De poursuiuir, & mon corps transporta

(Pour rencontrer ce que mon cueur poursuit)
Pres de ce lieu basty, comme sensuit.

Description du Temple de Cupido.

CE Temple estoit, ung clos flory Verger
Passant en tout le Val delicieux,
Auquel iadis Paris ieune Berger
Pria d'amours Pegasis aux beaux yeulx:
Car bien sembloit que du plus hault des Cieulx
Iuppiter fust venu au mortel estre,
Pour le construire, & le faire tel estre,
Tant reluisoit en exquise beaulte.
Brief on l'eust pris pour Paradis terrestre,
Si Eue, & Adam dedans eussent este.

Pour ses armes Amour cuysant
Porte de gueules a deux traictz:
Dont lung ferré d'or tresluisant
Cause les Amoureux attraictz:
Laultre dangereux plus que traictz,
Porte ung fer de plomb mal couché,
Par la pointe tout rebouché,
Et rend lamour des cueurs estaincte.
De lun fut Apollo touché:
De laultre Daphne fut attaincte.

Si tost que i'euz lescusson limité,
Leuay les yeulx, & proprement ie veiz
Du grant Portail sur la sublimite
Le corps tout nud, & le gratieux vis
De Cupido: lequel pour son deuis
Au poing tenoit ung Arc riche tendu,
Le pied marché, & le bras estendu,
Prest de lascher une flesche aiguisee

Sur le premier, fust fol, ou entendu,
Droit sur le cueur, & sans prendre visée,

La beaulte partant du dehors
De celle Maison amoureuse,
D'entrer dedans m'incita lors,
Pour veoir chose plus sumptueuse:
Si vins de pensee ioyeuse
Vers Bel acueil le bien apris,
Qui de sa main dextre m'a pris,
Et par ung fort estroict sentier
Me feist entrer au beau pourpris,
Dont il estoit premier Portier.

Le premier huys de toutes fleurs vermeilles
Estoit construict, & de boutons yssans,
Signifiant que ioyes non pareilles
Sont a iamais en ce lieu florissans.
Cestuy chemin tindrent plusieurs passans,
Car Bel acueil en gardoit la barriere:
Mais faulx dangier gardoit sur le derriere
Ung Portail faict d'espines, & chardons,
Et deschassoit les Pelerins arriere,
Quand ilz venoient pour gaigner les pardons.

Bel acueil ayant robe verte
Portier du Iardin pretieux
Iour & nuict laisse porte ouuerte
Aux vrays Amans, & gratieux,
Et d'ung vouloir solatieux
Les retire soubz sa baniere,
En chassant sans grace planiere
(Ainsi comme il est de raison)
Tous ceulx, qui sont de la maniere
Du faulx, & desloyal Iason.

Le grant autel est vne haulte roche,
De tel vertu, que si aulcun Amant
La veult fuir de plus pres s'en approche,
Comme lacier de la pierre Daymant.
Le ciel ou poisle, est vng Cedre embasmant
Les cueurs humains, duquel la largeur grande
Cocuure lautel. Et la (pour toute offrande)
Corps, cueur, & biens a Venus fault liurer.
Le corps la sert, le cueur grace demande,
Et ses biens font, grace au cueur desliurer.

De Cupido le Dyadesme
Est de roses vng chapelet
Que Venus cueillit elle mesme,
Dedans son iardin verdelet.
Et sur le printemps nouuelet,
Le transmist a son cher Enfant,
Qui de bon cueur le va coiffant.
Puis donna (pour ses roses belles)
A sa mere vng Char triumphant,
Conduict par douze columbelles.

Deuant Lautel deux Cipres singuliers
Je vey florir soubz odeur embasmée,
Et me dit on que cestoient les pilliers
Du grand autel de haulte Renommée.
Lors mille oiseaulx d'une longue ramée
Vindrent voller sur ces vertes courtines,
Prestz de chanter chansonnettes diuines.
Si demanday, pourquoy la sont venus:
Mais on me dist, Amy ce sont matines,
Qu'ilz viennent dire en lhonneur de Venus.

Deuant Limage Cupido.
Brusloit le brandon de detresse,

Dont fut enflammée Dido,
Biblis, & Heleine de Grece:
(Jehan de Mehun plein de grant saigesse,
Lappelle(en termes savoreux)
Brandon de Venus rigoreux,
Qui son ardeur iamais n'attrempe:
Toutesfois au Temple amoureux,
(Pour lors)il servoit d'une Lampe.

Sainctes, et Sainctz, qu'on y va reclamer,
C'est beau parler, Bien celer, Bon rapport,
Grace, Mercy, Bien servir, Bien aymer,
Qui les Amans font venir a bon port:
D'aultres aussi, ou(pour avoir support
Touchant le faict d'amoureuses conquestes)
Tous pelerins doibvent faire requestes,
Offrandes, veux, prieres, & clamours,
Car sans ceulx la lon ne prent point les bestes,
Qu'on va chassant en la forest d'amours.

Chandelles flambans, ou estainctes
Que tous Amoureux Pelerins
Portent devant telz Sainctz & Sainctes,
Ce sont bouquetz de Romarins.
Les chantres: Lynotz, & Serins,
Et Rossignolz au gay couraige,
Qui sur buyssons de ver bocaige.
Ou branches en lieu de pulpitres,
Chantent le ioly chant ramaige
Pour Versetz, Responds, & Epistres.

Les vitres sont de cler & fin Cristal,
Ou painctes sont les gestes auctentiques
De ceulx, qui ont iadis de cueur loyal
Bien observe d'amours les loix antiques.

En apres sont les tressainctes Reliques,
Carcans, anneaulx aux secretz tabernacles,
Escuz, ducatz dedans les cloz obstacles,
Grãds chaines d'or, dont maint beau corps est ceinct,
Qui en amours font trop plus de miracles,
Que Beau parler ce tresglorieulx Sainct.

Les voultes furent a merueilles
Ouurées souuerainement:
Car Priapus les feist de treilles
De fueilles de vigne, a ferment,
La dependent tant seullement
Bourgeons, a raisins a plaisance,
Et pour en planter abondance,
Bien souuent y entre Bacchus,
A qui Amour donne puissance,
De mettre guerre entre bas culz.

Les cloches sont Tabourins, a Doulcines,
Harpes, a Lucz, instrumens gratieux,
Haulxboys, Flageotz, Trompettes, a Buccines
Rendans vn son si tressolatieux,
Qu'il nest souldart, tant soit audacieux,
Qui ne quittast Lances, a Braquemars,
Et ne saillist hors du Temple de Mars,
Pour estre Moyne au Temple d'amourettes,
Quand il orroit sonner de toutes pars
Le carrillon de Cloches tant doulcettes.

Les Dames donnent aux Malades,
Qui sont recommandez aux prosnes,
Ryz, baisers, regards, a oeilllades,
Car ce sont D'amours les aulmosnes.
Les Prescheurs, sont vieilles Matrosnes,
Qui aux Jeunes donnent couraige

D'emploier la fleur de leur aage
A seruir Amour le grand Roy,
Tant que souuent par beau langaige
Les conuertissent a sa loy.

Les fons du Temple estoit une Fontaine,
Ou decouroit ung Ruisseau argentin:
La se baignoit mainte dame haultaine
Le corps tout nud, monstrant ung dur tetin.
Lors on eust veu marcher sur le patin
Pauures Amans a la teste enfumée,
Lung apportoit a sa tresbien aymée
Esponge, pigne, & chascun appareil:
Laustre a sa dame estendoit la ramée,
Pour la garder de l'ardeur du Soleil.

Le Cymetiere est, ung vert bois:
Et les Murs, haies, & buissons.
Arbres plantez, ce sont les Croix:
De profundis, gayes Chansons.
Les Amans surprins des frissons
Damours, & attrapez es laz,
Deuant quelque huys tristes, & las,
Pour la tumbe d'ung trespassé,
Chantent souuent le grand helas,
Pour requiescat in pace.

Ouidius, maistre Alain Charretier,
Petrarche, aussi le Rommant de la Rose,
Sont les Messelz, Breuiaire, & Psaultier,
Qu'en ce sainct Temple on list en Rime, & Prose.
Et les Lecons, que chanter on y ose,
Ce sont Rondeaulx, Ballades, Virelais,
Motz a plaisir, Rimes, & Triolletz,
Lesquelz Venus aprend a retenir.

A vng grant tas d'amoureux nouuelletz
Pour mieulx sçauoir dames entretenir.

Aultres manieres de Chansons,
Leans on chante a voix contrainctes
Ayans casses, & meschans sons,
Car se sont cris, pleurs, & complainctes.
Les petites chapelles sainctes,
Sont chambrettes, & cabinetz,
Ramees, boys, & iardinetz,
Ou lon se perd quant le verd dure:
Leurs huys sont faictz de buyssonnetz,
Et le paué tout de verdure.

Le Benoistier fut faict en vng grand plain,
D'ung Lac fort loing d'herbes plantes & fleurs,
Pour eaue benoiste, estoit de larmes plein,
D'ont fut nomme le piteux Lac de pleurs:
Car les Amans dessoubz tristes couleurs
Y sont en vain mainte larmes espandans.
Les fruictz Damours la ne furent pendans
Tout y sechoit tout au long de lannée:
Mais bien est vray, qu'il y auoit dedans
Pour asperges vne Rose fennée.

Marguerites, Lis, & Oeilletz,
Passeuelours, Roses flairantes,
Romarins, Boutons vermeilletz,
Lauandes odoriferantes:
Toutes autres fleurs apparentes
Iettans odeur tresadoulcie,
Qui iamais vng cueur ne soucie,
C'estoit de ce Temple lencens.
Mais il eut de la Soulcie:
Vela qui me trouble le sens.

Et si aulcun (pour le monde laisser)
Veult la dedans se rendre Moyne, ou Prebstre,
Tout aultre estat luy convient delaisser:
Puis va devant Genius Larchiprebstre,
Et devant tous, en levant la main dextre,
D'estre loyal fait grant veuz & serments
Sur les autelz couvers de parements,
Qui sont beaulx litz a la mode ordinaire:
La ou se font D'amours les sacrements
De iour & nuyct sans aulcun luminaire.

Depuis qu'ung homme est la rendu,
Soit saige ou sot, ou peu idoyne
Sans estre ne raiz, ne tondu,
Incontinent on le fait Moyne.
Mais quoy, il n'a pas grant essoine
A comprendre les sacrifices,
Car d'amourettes les services
Sont faictz en termes si tresclers,
Que les Aprentis, & Novices
En scavent plus que les grans clercs.

De Requiem les messes sont aubades,
Sierges, Rameaulx, & Sieges, la verdure
Ou les amans font rondeaulx & ballades:
Lung y est gay, laultre mal y endure:
Lune mauldict par angoisse tresdure
Le iour auquel elle se maria:
Laultre se plainct que ialoux Mary a:
Et les sainctz motz, que lon dict pour les ames
Comme Pater, ou Ave maria,
Cest le babil, & le caquet des Dames.

Processions, ce sont mouisques,
Que font amoureux Champions

Les hayes d'alemaigne frisques,
Passepiedz, Bransles, Tourdions.
La par grands consolations
Vng auec vne deuisoit,
Ou pour Euangiles lisoit
Lart d'aymer, faict d'art poëtique:
Et lautre sa dame baisoit
En lieu d'une saincte Relique.

En tous endroictz ie visite, & contemple
Presques estant de merueille esgaré,
Car en mes ans ne pense point veoir Temple
Tant cler, tant net, ne tant bien preparé.
De chascun cas fut a peu pres paré,
Mais toutesfois y eut faulte d'un poinct,
Car sur lautel de Paix ny auoit poinct:
Raison pour quoy: tousiours Venus la belle,
Et Cupido de sa darde, qui poinct,
A tous humains faict la guerre mortelle.

Ioye y est, & dueil rempty de ire,
Pour vng repos, des trauaulx dix:
Et brief, ie ne scauroys bien dire,
Si cest Enfer, ou Paradis.
Mais par comparaison ie dis,
Que cestuy Temple est vne rose
Despines, & ronces enclose:
Petitz plaisirs, longues clamours.
Or taschons a trouuer la chose,
Que ie cherché au temple d'Amours.

Dedans la Nef du triumphant dommaine
Songeant, resuant, longuement me pourmaine
Voyant reffuz, qui par dures alarmes
Va incitant loeil des Amans a larmes

Oyant par tout des cloches les doulx sons,
Chanter versetz d'amoureuses lecons,
Voyant chasser de Cupido les serfz,
Lung a Connilz, lautre a Lieures, & Cerfz,
Lascher Faulcons, Leuriers courir au boys,
Corner, souffler en Trompes, & haultboys:
On crie, on prent: lung chasse, & lautre happe,
Lung a ia pris, la beste luy eschappe,
Il court apres, lautre rien n' y pourchasse:
On ne veit onc ung tel deduyt de chasse,
Comme cestuy. Or tiens ie tout pour veu,
Fors celle la, dont veulx estre pourueu,
Qui plongé m a au gouffre de destresse.
Cest de mon cueur la treschere maistresse,
De peu de gens au Monde renommée,
Qui ferme Amour est en Terre nommee.
Long temps ya, que la cherche, & poursuis,
Et (qui pis est) en la terre ou ie suis
Je ne voy rien, qui me donne asseurance,
Que son gent corps y face demourance:
Et croy qu'en vain ie la voys reclamant,
Car la dedans ie voy ung fol Amant,
Qui va choisir vne Dame assez pleine
De grant beaulte. Mais tant ya, qu'a peine
Eus contemplé son maintien gratieux,
Que Cupido Lenfant audacieux
Tendit son arc, encochea sa sagette,
Les yeulx bandez, dessus son cueur la gette
Si rudement, voire de facon telle
Qu'il y crea vne plaie mortelle.
Et lors Amour le iuchea sur sa perche,
Je ne dis pas celle que tant ie cherche,
Mais vne Amour venerique, et ardante,
Le bon renom des humains retardante,
Et dont par tout le mal estimé fruict

Plus que de lautre en cestuy monde bruyt.
Vn'aultre Amour fut de moy apperceue,
Et croy que fut au temps iadis conceue
Par Boreas courant, & variable:
Car oncques chose on ne vit si muable,
Ne tant legiere en courtz, et autres partz.
Le sien pouoir par la terre est espars,
Chascun la veult, lentretient & souhaitte,
A la suyuir tout homme se dehaitte.
Que diray plus? Certes vng tel aymer
Cest Dedalus, voletant sur la mer:
Mais tant a bruyt, quelle va ternissant
De fermeté, le nom resplendissant.
Par tel facon au milieu de ma voye
Assez, & trop ces deux amours trouuoye:
Mais lune fut lubrique & estrangiere
Trop a mon vueil: et lautre si legiere
Qu'au grant besoing on la treuue ennemye.
Lors bien pensay, que ma loyalle amye
Ne cheminoit iamais par les sentiers
La ou ces deux cheminoient voulentiers:
Parquoy concludz, en aultre part tirer,
Et de la nef soubdain me retirer
Pour rencontrer la Dame tant illustre,
Celle de qui iadis le trescler lustre
Souloit chasser toute obscure souffrance
Faisant regner Paix diuine soubz France:
Celle pour vray (sans le blasme daulcun)
Qui de deux cueurs maintesfois ne faict qu'un:
Celle par qui Christ, qui souffrit moleste,
Laissa iadis le hault Throsne celeste,
Et habita ceste basse vallée,
Pour retirer nature maculée
De la prison infernale & obscure.
A poursuyuir soubz espoir ie prins cure

Iusques au

Jusques au cueur du Temple me transporte:
Mon oeil s'espart au trauers de la porte
Faicte de fleurs, et d'arbrisseaulx tous vers:
Mais a grant peine euz ie veu a trauers,
Que hors de moy cheurent plainctes, & pleurs,
Comme en yuer seiches fueilles et fleurs.
Tristesse, & dueil de moy furent absens,
Mon cueur garni de liesse ie sens,
Car en ce lieu vng grand Prince ie veiz,
Et vne Dame excellente de vis:
Lesquelz portans escuz de fleurs Royalles,
Qu'on nomme Lys, et d'Hermines Ducales
Viuoient en paix dessoubz celle ramee,
Et au millieu Ferme Amour d'eulx aymée,
D'habitz ornée a sy grant auantaige,
Qu'oncques Dido la Royne de Cartage,
Lors qu'Aeneas receut dedans son port,
N'eut tel richesse, honneur maintien, & port
Combien que lors Ferme Amour auec elle
De vrays subgetz eust petite sequelle.
Lors Bel acueil m'a le buisson ouuert
Du cueur du Temple, estant vng pre tout vert:
Si merciay Cupido par merites,
Et saluay Venus, et ses Charites:
Puis Ferme Amour, apres le mien salut,
Tel me trouua, que de son gre voulut
Me retirer dessoubz ses estandars,
Dont ie me tins de tous paouures souldars
Le plus heureux: puis luy comptay, comment
Pour son Amour continuellement
J'ay circui mainte contrée estrange,
Et que souuent ie l'ay pensée estre Ange,
Ou resider en la court Celestine,
Dont elle print tressacrée origine.
Puis l'aduerty, comme en la Nef du Temple,

De Cupido (combien qu'elle soit ample)
N'ay sceu trouuer sa tresnoble facture,
Mais qu'a la fin suis venu d'auenture
Dedans le cueur, ou est sa mansion:
Parquoy concludz en mon inuention,
Que ferme Amour est au cueur esprouuée.
Dire le puis, car ie l'y ay trouuée.

LE IVGEMENT DE MINOS sur la preference d'Alexandre le grand, Annibal de Cartaige, et Scipion le Romain, ia menez par Mercure aux Lieux inferieurs deuant icelluy Iuge.

Alexandre.

O Annibal, mon hault cueur magnanime
Ne peult souffrir, que par gloire sublime
Vueilles marcher par deuant mes Charroys,
Quant a honneur, et trumphans arroys:
Car seulement aulcun ne doibt en riens
Accomparer ses faictz d'armes aux miens:
Ains (comme nulz) est decent de les taire
Entre les Dieux.

Annibal.

Ie soustiens le contraire,
Et m'en rapporte a Minos l'ung des Dieux,
Iuge infernal commis en ces bas Lieux
A soustenir le glaiue de Iustice:
Dont fault que droit auec raison iustice ysse
Pour vng chascun.

Minos.

Or me dictes Seigneurs:
Qui estes vous, qui touchant haults honneurs
Querez auoir l'un sur l'autre aduantage:

Alexandre.
Cy est le Duc Annibal de Cartaige,
Et ie le grand Empereur Alexandre,
Qui feiz mon nom par tous Climatz espandre
En subiugant chascune nation.

Minos.
Certes voz noms sont en perfection
Dignes des loz, & des gloires supremes:
Dont decorez sont voz clers Diademes.
Si mesbahyz, qui vous a meuz ensemble
Auoir debat.

Alexandre.
Minos (comme il me semble)
Tu doibs scauoir, et n'es pas ignorant,
Qu'oncq ne souffris homme de moy plus grand,
Ne qui a moy fust pareil, ou esgal:
Mais tout ainsi comme L'aigle Royal
Estand son vol plus pres des aers Celestes,
Que nul oyseau, par belliqueuses gestes
I'ay surmonté tous humains aux harnoys:
Parquoy ne veulx que ce Cartaginoys
Ayt bruyt sur moy, ne costoie ma chaize.

Minos.
Or conuient donc, que lung de vous se taise,
Affin que lautre ayt loisir, & saison,
Pour racompter deuant moy sa raison.

Annibal.
Certes Minos, ceulx ie repute dignes
D'estre esleuez iusques aux cours diuines
Par bon renom, qui de basse puissance
Sont paruenuz a haultaine accroissance
D'honneur, et biens, et qui nom glorieux
Ont conquesté par faictz laborieux:
Ainsi que moy, qui a peu de cohorte
Me departy de Cartaige la forte,

Et en Sicile, ou marcher destroie,
Prins & rauy, pour ma premiere proie,
Vne Cite, Sarragosse nommée,
Des fiers Rommains tresgrandement aymée,
Que maulgre eulx, & leur force superbe
Je pestellay aux piedz, ainsi que l'herbe,
Par mes haultz faictz, & furieux combas.
On scait aussi, comme ie mys au bas
Et dissipay (dont gloire i'en merite)
Des Gallicans le puissant exercite:
Et par quel art, moiens, & facons caultes
Taillay les Montz, & les Alpes treshaultes
Minay, & mis les Rochers en rompture,
Qui sont haultz murs massonnez par Nature,
Et le renfort de toutes les Itales:
Auquel pays (quand mes armes Ducales
I flamboient) maint ruisseau tout ordy
Du sang Rommain, que lors ie y espandy:
Ce sont tesmoingz, & certaines espreuues.
Si est le Pau, Tibre, & maintz aultres fleuues,
Desquelz souuent la trespure, & claire vnde
J'ay faict muer en couleur rubicunde.
Pareillement les chasteaulx triumphans,
Par sus lesquelz mes puissans Elephantz
Je feis marcher iusques au murs de Romme:
Et n'est decent, que ie racompte, ou nomme
Mes durs combatz, rencontres Martiennes,
Et grans effortz, par moy faictz deuant Cannes.
Grand quantite de noblesse Rommaine
Ruerent ius par puissance inhumaine
Lors mes deux bras, quand en signe notoire
De souuerain triumphe meritoire,
Troys muys d'aneaulx a Cartaige transmis
De tresfin or, lesquelz furent desmis
Des doigtz des mortz, sur les terres humides

Tous estendus: car des Charongnes vuides
De leurs espritz gisantes a lenuers
Par mes conflictz furent les champs couuers:
De tel facon qu'on en feist en mains lieux
Pontz a passer Fleuues espatieux.
Par maintesfois, & semblables conquestes
Plus que Canons, ou fouldroians Tempestes
Feis estonner du Monde la monarche,
Tousiours content, quelque part ou ie marche,
Le tiltre seul de vray honneur auoir,
Sans vaine gloire en mon cueur concepuoir,
Comme cestuy, qui pour occasion
D'une incredible, & vaine vision
La nuict dormant apparue a sa mere,
Se disoit filz de Juppiter le pere
De tous humains, aux astres honnoré,
Et comme Dieu voulut estre adoré.
Aincoys Minos tousiours & ainsi comme
Petit souldart me suis reputé homme
Cartaginois, qui pour heur ou malheur
Ne fuz attainct de lyesse ou douleur.
Puis on congnoist, comme au pays D'affrique
Durant mes iours a la chose Publique
Me suis voulu vray obeissant ioindre:
Et que ainsi soit, ainsi comme le moindre
De tout mon ost, au simple mandement
De mes consors, concluds soubdainement
De men partir: & adressay ma voye
Vers Italie, ou grand desir auoye.
Que diray plus? par ma grande prouesse
Et par vertu de sens, & hardiesse
J'ay acheué maintz aultres durs effortz,
Contre & enuers les plus puissans & fortz.
Mes estendars, & guidons Martiens
Onc ne dressay vers les Armeniens

Ou les Medoys, qui se rendent vaincus,
Ains qu'emploier leurs lances, & escus:
Mais feis trembler de main victorieuse
Les plus haultains, cest Romme l'orgueilleuse,
Et ses souldars, que lors ie combatis
Par maintesfois, & non point des craintifz,
Mais des plus fiers feis vng mortel deluge.
Et d'aultre part, Minos (comme bon iuge)
Tu doibs preuoir les aises d'Alexandre:
Car des que mort son pere voulut prendre,
A luy par droit le Royaulme suruint,
Et fut receu, des que sur Terre vint,
Entre les mains d'amiable Fortune,
Qui ne fut onc en ses faictz importune:
Et s'il veult dire auoir vaincu les Roys
Dare, & Pyrrhus par militans arroys,
Aussi fut il vaincu en ces delices
De immoderez, & desordonnez vices:
Car si son Pere ayma bien en son cueur
Du Dieu Bacchus la vineuse liqueur,
Aussi feit il: & si bien s'en troubloit,
Que non pas homme, ains beste ressembloit.
N'occist il pas (estant yure a sa table)
Calisthenes Philosophe notable,
Qui reprenoit par discretes parolles
Les siennes meurs vitieuses, & folles:
Certainement vice si detestable
En moy (peult estre) eust este excusable,
Ou quelcun aultre, en meurs & disciplines
Peu introduict: mais les sainctes doctrines
Leues auoit d'Aristote son maistre,
Qui pour l'instruire, & en vertuz accroistre
Par grand desir nuict & iour trauailloit,
Et apres luy trop plus qu'aultre veilloit.
Et si plus hault eslieue sa personne

Dont en son Chef il a porté couronne,
Pourtant ne doibt homme Duc despriser,
Qui a voulu (entre viuans) vser
De sens exquis, & prouesse louable,
Plus que du bien de Fortune amiable.

Minon.

Certes tes faictz de tresclere vertu
Sont decorez. En apres, que dictz tu
Roy Alexandre ?

Alexandre.

A homme plain d'oultraige
N'est de besoing tenir aulcun langage:
Et mesmement la riche renommée
De mes haultz faitz aux astres sublimée
Assez & trop te peuuent informer,
Que par sus moy ne se doibt renommer.
Aussi tous ceulx de la vie mortelle
Sont congnossans, la raison estre telle:
Mais neautmoins, pource qu'a maintenir
Los & honneur ie veulx la main tenir,
Saches Minos Iuge plain de prudence,
Qu'en la verdeur de mon adolescence,
Portant en chef ma couronne inuincible,
Au glaiue agu prins vengeance terrible
(Comme vray filz) de ceulx qui la main mirent
Dessus mon Pere, & a mort le submirent:
Et non content du Royaulme qu'auoye,
Cherchant honneur, mys & gettay en voye
Mes estandars, & a flotte petite
De combatans, par moy fut desconfite
Et mise au bas en mes premiers assaulx
Thebes cite antique, & ses vassaulx:
Puis subiugay par puissance Royalle
Toutes cites d'Achaie, & Thessalle,
Et decouppay a foison par les champs

Illyriens de mes glaiues trenchans,
Dont ie rendy toute Grece esbahie.
Par mon pouuoir fut Asie enuahie:
Libie prins, le Phase surmontay:
Brief, tous les lieux, ou passay, & plantay
Mes estandars (redoubtant ma puissance)
Furent submis a mon obeissance.
Le puissant Roy D'are congneut a Tharse,
Par quel vigueur fut ma puissance esparse
Encontre luy, quand soubz luy cheuaucherent
Cent mil Persoys, et fierement marcherent
Vers moy de front dessoubz ses estandars
Bien trois cens mille pietons hardis souldars.
Que diray plus: quand vint a leschauffer,
Le viel Charon, grant nautonnier D'enfer,
Bien eut a faire a gouuerner sa peaultre
Pour celluy iour passer de riue en aultre
Tous les espritz qu'a bas ie luy transmy
Des corps humains, qu'a lespée ie my
A celluy iour en la mortelle estorce
Pas nespergnay ma corporelle force,
Car aux enfers quatre vingtz mil espritz
Ienuoiay lors: & si hault cueur ie pris
Que me lancay par les flottes mortelles:
De ce sont foy mes plaies corporelles.
Et ia ne fault laisser aneantir
Mes grans combatz executez en Thyr:
Et ne conuient que le los on me rase,
D'auoir passé le hault mont de Caucase.
Vng chascun scait que y fuz tant emploié,
Que tout soubz moy fut rasé et ploié.
En Inde feis aborder mon Charroy
Triumphamment, ou Pyrrhus le fier Roy
(A son meschef) de mes bras esprouua
La pesanteur, quand de moy se trouua

Prins et vaincu. Qui plus est, ie marchay
En tantz de lieux, qu'a la fin detranchay
Le dur Rochier, ou Hercules le fort
Pour le passer en vain meist son effort.
Brief, tout batty, & vainquy sans repos
Jusques a tant, que la fiere Atropos
Seulle cruelle ennemie aux humains
Mon pouuoir large osta hors de mes mains.
  Et se ainsi est, que iadis en maint lieu,
Feusse tenu des mondains pour vng Dieu,
Et du party des Dieux immortelz ne,
De tel erreur pardon leur soit donné:
Car la haulteur de mes faictz, & la gloire,
Qu'euz en mon temps, les mouuoit a ce croire.
  Encor plus: tant fuz fier belliqueur,
Que i'enteprins, et euz vouloir en cueur
De tout le Monde embrasser, et saisir,
Si fiere mort m'eust presté le loisir.
  Or ca Minos: ie te suppli demande
A Annibal (puis qu'il me vilipende
De doulx plaisirs) si plus il est recors
De ses delictz de Capue, ou son corps
Plus desbrisa aux amoureux alarmes,
Qu'a soustenir gros bois, haches, et armes.
Ne feut sa mort meschante, et furibunde,
Quand par despit de viure au mortel Monde
Fut homicide, et bourreau de soymesmes,
En avallant les ordz veninsextresmes:
Et pour monstrer sa meschance infinie,
Soit demandé au Roy de Bithinie,
(Dict Prusias) vers lequel senfuit,
S'il feut iamais digne de loz et bruit.
Vng chascun scait, qu'il fut le plus pollu
De tous plaisirs, & le plus dissollu:
Et que par fraulde, et ses trahisons fainctes,

Il est venu de son nom aux attainctes.
Plusieurs grands faictz il feit en maintes Terres:
Mais qu'est ce au pris de mes bruictz, & tonnerres?
A tous mortelz le cas est euident,
Que si jugé n'eusse tout Occident
Estre petit, ainsi que Thessalye,
J'eusse pour vray (en vainquant Itallye)
Tout conquesté sans occision nulle
Jusques au lieu des Columnes d' Hercule.
Mais (pour certain) ie n'y daignay descendre
Car seullement ce hault nom Alexandre
Les feist mes serfz redoubtans mes merueilles.
Parquoy, Minos, garde que tu ne vueilles
Deuant le mien, son honneur preferer.

Scipion.

Entens aincois, ce que veulx proferer,
Juge Minos. Minos.
Comment es tu nommé?

Scipion

Scipion suis Laffrican surnommé,
Homme Rommain, de noble experience.

Minos.

Or parles donc: ie te donne audience.

Scipion.

Certes mon cueur ne veult dire, ou penser
Chose pourquoy ie desire exaulcer
La grand haulteur de mes faitz singuliers
Par sus ces deux belliqueux Cheualiers:
Car ie n'eu onc de vaine gloire enuie,
Mais s'il te plaist, Minos, entens ma vie.
Tu scais assez, que de mes ieunes ans
Faictz vitieux me furent desplaisans,
Et que Vertu ie voulus tant cherir,
Que tout mon cueur se mist a l'acquerir,
Jugeant en moy science peu valoir,

Si d'ung hault vueil, & par ardant vouloir
D'acquerir bruyt, & renom vertueux,
M'est emploiée en oeuures fructueux.
Brief, tant aimay Vertu, que des enfance
Je fus nommé des Rommains lesperance.
Car quand plusieurs du Senat esbahyz
De crainte, & paour, a rendre le pays
Par maintesfois furent condescendans,
Je de hault cueur, & assez ieune d'ans
Sailly en place, ayant le glaiue au poing,
Leur remonstrant, que pas n'estoit besoing
Que le cler nom, que par peine & vertu
Auions acquis, fut par honte abbatu,
Et que celluy mon ennemy seroit,
Qui la sentence ainsi prononceroit.
  Lors estimans cela estre vng presage,
Et que les Dieux pour le grand aduantaige
Du bien puplic, m'auoient donne hault cueur
En aage bas, comme vng fort belliqueur
Fuz esleu chef de larmee Rommaine:
Dont sur le champ de bataille inhumaine
Je feis ietter mes bannieres au vent,
Et Annibal pressay tant & souuent,
Qu'auec bon cueur, & bien peu de conduicte
Le feis tourner en trop honteuse fuyte,
Tant qu'en la main de Romme lexcellente
Serue rendy Cartaige lopulente:
Et toutesfois les Rommains consistoires
Apres mes grans, & louables Victoires,
Aussi humain & courtois m'ont trouué,
Qu'auant que fusse aux armes esprouué.
  Tous biens mondains prisay moins que petit,
Lamour du Peuple estoit mon appetit,
Et d'acquerir maintz vertueux Offices
A ieune Prince honnestes, & propices.

Et d'aultre part, de Cartaige amenay
Maintz prisonniers, lors que t'en retournay
Victorieux: desquelz en la presence
Par moy fut prins le Poete Therence.
Dont aux Rommains mon faict tant agrea,
Qu'en plain Senat Censeur on me crea.
  Ce faict, Asie, & Libie couruz:
D'egypte, & Grece a force l'amour euz.
Et qu'ainsi soit, soubz querelle tresiuste
Par plusieurs fois ma puissance robuste
Ont esprouué. Puis ie Consul voiant
Le nom Rommain, iadis reflamboiant,
Lors chanceller, soy ternir, & abatre,
Pour l'esleuer, fuz conquerir & batre
Une Cite de force & biens nantie
Dicte Numance, es Espaignes bastie.
  Trop long seroit (Minos) l'entier deduire
De mes haultz faictz, qu'on verra tousiours luyre.
Et d'aultre part, simple vergongne honneste
D'en dire plus en rien ne m'admonneste:
Parquoy a toy en laisse la choison,
Qui scais ou sont les termes de raison.
  Si t'aduertis, qu'onques malheur en riens
Ne me troubla: ne pour comble de biens,
Que me donnast la Deesse fatalle,
Close ne fut ma main tresliberalle.
Bien l'ont congnu, & assez le prouuerent
Apres ma mort ceulx qui rien ne trouuerent
En mes tresors des biens mondains deli[illegible]
Fors seullement d'argent quatre vingtz li[illegible].
  Des Dieux aussi la bonte immortelle
M'a bien voulu douer de grace telle,
Que cruaulte, & iniustice au bas
Je deiectay, & ne mis mes esbatz
Aux vanitez, & doulx plaisirs menus

De Cupido le mol filz de Venus,
Dont les deduitz, & mondaines enquestes
Nuisantes sont a louables conquestes.
Tous lesquelz motz, ie ne dy pour tascher
A leur honneur confondre, ou submarcher:
Ancois le dy, pour tousiours en prouesse
Du nom Rommain soustenir la haultesse:
Dont tu en as plus ouy referer,
Que n'en pourroit ma langue proferer.

La Sentence de Minos.

CErtainement voz Martiaulx ouuraiges
Sont acheuez de tresardans couraiges:
Mais si ainsi est, que par Vertu doibue estre
Honneur acquis, Raison donne a congnoistre,
Que Scipion iadis fuyant delices,
Et non faillant de Vertu hors des lices,
D'honneur dessert le tiltre precieux
Deuant vous deux, qui fustes vitieux.
Parquoy iugeons Scipion preceder,
Et Alexandre Annibal exceder.
Et si de nous la Sentence importune
Est a vous deux, demandez a Fortune,
S'elle na pas tousiours fauorisé
A vostre part. Apres soit aduisé
Au trop ardant, & oultrageux desir,
Qu'eustes iadis de prendre tout plaisir
A (sans cesser) espandre sang humain,
Et ruiner de fouldroyante main,
Sans nul propos, la fabrique du Monde.
Ou Raison fault, Vertu plus n'y abonde.

Les tristes vers de Philippes Beroalde, sur le Jour du Vendredy Sainct, Translatez de Latin en Francoys. Et se commencēt en latin: Venit mœsta dies, redijt lachryma-bile tem-pus.

OR est venu le iour en dueil tourné,
Or est le temps plain de pleurs retourné,
Or sont ce iour les funerailles sainctes
De Jesuchrist celebrées, et tainctes
D'aspre douleur: soient doncques rougissans
Ores noz yeulx par larmes d'eulx yssans.
Tous estomachz en grief vices tumbez,
Par coups de poing soient meurdriz, et plombez,
Quiconques ayme, exalte, et qui decore
Le nom de Dieu, et son pouuoir adore,
Coeuure son cueur, et sensitif expres
De gros sanglotz sentresuiuans de pres.
Voicy le Jour lamentable sur Terre,
Le iour qu'on doibt marquer de noire pierre.
Pourtant plaisirs, amours, ieux, & banquetz,
Riz, voluptez, broquars, et fins caquetz.
Tenez vous loing, et vienne douleur rude,
Soing, pleurs, souspirs, auec sollicitude.
C'est le Jour noir, auquel fault pour poincture
De dueil monstrer, porter noire taincture.
Soient donc vestuz de couleur noire, & brune
Princes, Prelatz, et toute gent commune:
Viennent aussi auec robe de dueil,
Jeunes et vieulx, en plorant larmes d'oeil,
Et toute femme, ou lyesse est aperte,
De noir habit soit vestue, et couuerte.
Riuieres, Champs, Forestz, Montz, & Vallées

Ce iourdhuy soient tristes, et desolées.
Bestes aussi privées, et saulvages
En douleur soient. Par fleuves, et rivages
Soient gemissans Poissons couvers d'escaille,
Et tous Oyseaulx painctz de diverse taille.
Les Elemens, la Terre, et Mer profunde,
Laer, et le Feu, Lune, Soleil, et Monde,
Le Ciel aussi de haulteur excellente,
Et toute chose a present soit dolente:
Car cest le Jour dolent, et doloreux,
Triste, terny, trop rude, & rigoreux.
Maintenant donc fault usurper, & prendre
Les larmes d'oeil, que Heracle sceut espendre:
De Xenocrate, ou de Crassus doibt on
Avoir la face, & le front de Caton:
La barbe aussi longue, rude, et semblable
A celle la d'un Prisonnier coulpable.
Porter ne vueille homme, ou femme, qui vive,
Robe de pourpre, ou d'escarlate vive:
Ne soit luysant la chaisne a grosse boucle
Dessus le col, ny l'ardante Escarboucle:
Ne vueille aulcun au tour des doigz cercler
Verte Emeraulde, ou Dyamant trescler:
Sans peigner soit le poil au chef tremblant,
Et aux cheveulx soit la barbe semblant:
Ne soit la femme en son cheminer grave,
Et d'eaux de far son visaige ne lave:
Ne soit sa gorge en blancheur decorée,
Ne d'aulcun art sa bouche colorée:
Ne soient les chefz des grans Dames coiffez
D'ornemens fins, de gemmes estoffez:
Mais sans porter brasseletz, ne carcans
Prcinent habitz, signe de dueil marquans.
Car cest le Jour, auquel le Redempteur,
De toute chose unique Createur,

Apres tourmens, labeurs de corps, & veines,
Mille soufflets, flagellemens, & peines,
Illusions des Iuifz inhumains,
Pendit en croix, enclouez piedz, & mains,
Picquant couronne au digne chef portant,
Et d'amertume vng breuuaige goustant.
O iour funebre, ô lamentable mort,
O cruaulte, qui la pensee mord
De ceste gent prophane, & incredule.
O fiere tourbe, emplye de macule,
Trop plus subiecte a rude felonnie,
Que Ours de Libie, ou Tigres D'ircanie,
Ne que le salle, & cruel domicile,
Ou s'exercoit tyrannie en Sicile.
Ainsi auez (Sacrileges) moillé
Voz mains au sang, qui ne fut onc souillé:
Et icelluy mis a mort par enuye,
Qui vous auoit donne lumiere & vie,
Manoirs, & Champs de tous biens plantureux,
Puissant empire, & siege bien heureux,
Et qui iadis, en faisant consommer
Pharaon Roy dedans la rouge Mer,
En liberte remit soubz voz Monarches
Tous voz parens anciens Patriarches.
O crime, ô tache, ô monstre, ô cruel signe,
Dont par tout doibt apparoir la racine.
O faulce Ligne extraicte de Iudee
As tu osé tant estre oultrecuidee
De perdre cil, qui par siecles plusieurs
Ta preserue par dons superieurs,
Et t'a instruict en la doctrine exquise
Des sainctes Loix du prophete Moyse,
En apportant sur le hault des limites
De Sinay les deux Tables escriptes,
Pour & affin que obtinses Diadesmes,

Du digne

Du digne palme aux regions supremes.
Las quelz mercys tu rends pour vng tel don:
O quel ingrat, & contraire guerdon.
Et quel peche se pourroit il trouuer
Semblable au tien: point ne te peulx sauer.
A tous humains certes est impossible,
D'en perpetrer encor vng si horrible:
Car beau parler, ny Foy ferme, & antique,
Religion, ne Vertu autentique
Des Peres sainctz n'ont sceu si hault attaindre,
Que ta fureur ayes voulu refraindre.
Des vrays disans Prophetes les oracles,
Ne de Jesus les apparens miracles
De faulx conseil ne tont sceu reuoquer,
Tant t'es voulu a durte prouoquer.
O gent sans cueur, gent de faulse nature,
Gent aueuglée en ta perte future,
En meurtissant par peines, a foiblesses
Vng si grand Roy, de ton cousteau te blesses:
Et qu'ainsi soit, a present tu en souffres
Cruelle gehaine en feu, flambes, & souffres:
Si qu'a iamais ton tourment merité
Voys, et verras: et ta Posterité,
Si elle adhere a ta faulte importune,
Se sentira de semblable fortune:
Car il n'ya que luy, qui sceust purger
Le trop cruel, & horrible danger
De mort seconde: et sans luy n'auront grace
Voz filz viuans, n'aucune humaine race.
Aucun Juif pour tel faulte ancienne
N'a siege, champ, ny maison, qui soit sienne:
Et tout ainsi, que la forte tourmente
En pleine Mer la nasselle tourmente,
Laquelle estant sans mast, sans voile, & maistre,
De tous les ventz a dextre, & a senestre

Est agitée: ainsi estes Juifz
De tous costez dechassez, & fuiz,
Viuans tousiours soubz tributaire reigle:
Et tout ainsi que le Cigne hait Laigle,
Le Chien le Loup, Hannuier le Francoys,
Ainsi chascun, quelque part que tu soys,
Hayt, & herra ta faulse progenie
Pour l'inhumaine, & dure tyrannie
Que feis a cil, qui tant de biens t'offrit,
Quand Paradis, & les Enfers t'ouurit.
O doulce Mort, par salut manifeste
Tu nous repais de viande Celeste:
Par toy fuions le regne Plutonique,
Par toy gist bas le Serpent draconique:
Car le Jour vient agreable sur terre,
Le Jour qu'on doibt noter de blanche pierre,
Le Jour heureux en trois iours suruiendra,
Que Jesuchrist des Enfers reuiendra.
Parquoy Pecheur, dont lame est deliurée,
Qui ce Jourdhuy portes noire liurée,
Resiouys toy, prens plaisir pour douleur:
Pour noir habit, rouge, & viue couleur:
Pour pleurs, motez de liesse assignée:
Car cest le Jour d'heureuse destinée,
Qui a Satan prepare affliction,
Et aux mortelz seure saluation.
Donc congnoissant le bien de mort amere,
Doulx Jesuchrist, né d'une Vierge mere,
Sil est ainsi, que ton pouuoir honore,
Sil est ainsi, que de bon cueur t'adore,
Sil est ainsi, que t'ensuiue ta Loy,
Sil est ainsi, que ie viue en ta Foy,
Et comme croy, qu'es aux Cieulx triumphant,
Secours (helas) vng chascun tien enfant,
Si qu'en viuant soit en santé la vie,
Et en mourant aux Cieulx lame rauie.

ORAISON CONTEMplatiue deuant le Crucifix.

Las ie ne puis ne parler, ne crier,
Doulx Jesuchrist, plaise toy deslier
L'estroict lien de ma langue perie,
Comme iadis feis au vieil Zacharie.
La quantité de mes vieulx pechés bousche
Mortellement ma pecherresse bouche.
Puis lennemy des humains, en pechant
Est de ma voix les conduictz empeschant:
Si que ne puis pousser dehors le crime,
Qui en mon cueur par ma faulte s'imprime.
Quand le Loup veult (sans le sceu du Bergier)
Rauir l'Aigneau, & fuir sans dangier,
De peur du cry le gosier il luy couppe:
Ainsi quand suis au remors de ma coulpe,
Le faulx Sathan faict mon parler refraindre,
Affin qu'a toy ie ne me puisse plaindre,
Affin mon Dieu, qu'a mes maulx, & perilz
N'inuoque toy, ne tes saincts Esperitz,
Et que ma langue a mal dire apprestée,
Laquelle m'as pour confesser prestée,
Taise du tout mon meffaict inhumain,
Disant tousiours, attendz iusque a demain.
Ainsi sans cesse, a mal va incitant
Par nouueaux artz mon cueur peu resistant.
O mon Saulueur, trop ma veue est troublée,
Et de te veoir iay pitie redoublee,
Rememorant celle benignite,
Qui te feit prendre habit d'humanite:
Voyant aussi de mon temps la grand perte,
Ma conscience a sa puissance ouuerte
Pour stimuler, et poindre ma pensee,

De ce que i'ay ta haultesse offensée,
Et dont par trop en paresse te sers,
Mal recordant, que l'amour ne dessers,
Trop mal piteux, quand voy souffrir mon proche,
Et a gemir plus dur que fer, ne roche.
Donc o seul Dieu, qui tous noz bien accroys,
Descends (helás) de ceste haulte croix
Jusques au bas de ce tien sacré Temple,
A celle fin que mieulx ie te contemple.
Pas n'est si longue icelle voye, comme
Quand descendis du Ciel pour te faire homme:
Si te supply de me prester la grace,
Que tes genoulx d'affection i'embrasse,
Et que ie soys de baiser aduoué
Ce diuin pied, qui sur l'aultre est cloué.
En plus hault lieu te toucher ne m'encline,
Car du plus bas ie me sens trop indigne.
Mais si par foy suis digne que me voyes,
Et qu'a mon cas par ta bonté pouruoies,
Sans me chasser comme non legitime,
De si hault bien trop heureux ie m'estime:
Et s'ainsi est, que pour soy arroser
De larmes d'oeil, on te puisse appaiser,
Je vueil qu'en pleurs tout fundant on me treuue:
Soit le mien chief desmaintenant vng fleuue:
Soyent mes deux bras ruisseaux, ou eau i'espande:
Et ma poictrine, vne Mer haulte, & grande:
Mes iambes soient torrent, qui coure royde:
Et mes deux yeulx, deux fontaines d'eau froide,
Pour mieulx lauer la coulpe de moymesmes.
Et si de pleurs, & de sanglotz extremes
Cure tu n'as, desirant qu'on te serue
A genoulx secz, des ors ie me reserue,
Et suis tout prest, pour plus briefue responce,
D'estre plus sec que la pierre de ponce.

Et d'aultre part, si humbles oraisons
Tu aymes mieulx, las par viues raisons
Fais que ma voix soit plus repercussiue,
Que celle la d'Echo, qui semble viue
Respondre aux gens, & aux bestes farouches:
Et que mon corps soit tout fendu en bouches,
Pour mieulx a plain, & en plus de manieres
Te rendre grace, & chanter mes prieres.
Bref, moyen n'est, qui appaiser te face,
Que ie ne cherche, affin d'auoir ta grace:
Mais tant ya, que si le mien tourment
Au gre de toy n'est assez vehement,
Certes mon Dieu, tout ce qu'il te plaira,
Je souffriray, comme cil qui sera
Le tien subiect, car rien ne vueil souffrir
Que comme tien, qui vieus a toy me offrir,
Et a qui seul est mon ame subiecte.
Mon prier donc ennuieux ne reiecte,
Puis que iadis vne femme ennuyante
Ne reiectas, qui tant fust suppliante,
Et en ses dictz si fort t'importuna,
Qu'a son desir ta bonté ramena
Pour luy oster de ces pechez le nombre,
Qui tant faisoient a sa vie d'encombre.
L'estroicte loy, que tu as prononcée,
Espouenter pourroit bien ma pensée:
Mais ie prens cueur en ta doulceur immense,
A qui ta loy donne lieu par clemence:
Et quoy que i'aye enuers toy tant meffaict,
Que si aulcun m'en auoit autant faict,
Je ne croy pas, que pardon luy en feisse,
De toy pourtant ie attends salut propice,
Bien congnoissant, que ta benignité
Trop plus grande est, que mon iniquité.
Tu scauoys bien, que pecher ie debuoie:

N'as tu donc faict, pour d'Enfer tenir voye?
Non, mais affin qu'on congneust au remede,
Que ta pitie toute rigueur excede.
Veux tu souffrir, qu'en ma pensée ague,
De droit, & loix encontre toy argue?
Qui d'aulcun mal donne loccasion,
Luy mesmes faict mal, & abusion.
Ce nonobstant, tu as cree les femmes,
Et nous deffends d'Amours suiure les flammes,
Si lon ne prend marital Sacrement.
Auec lamour d'une tant seulement:
Certes plus doulx tu es aux bestes toutes,
Quand soubz telz loix ne les contrains, & boutes.
Pourquoy as tu produict pour viure, & ieune
Tant de grans biens, puis que tu veulx qu'on ieusne?
Et dequoy sert pain, & vin, & fruictage,
Si tu ne veulx qu'on en use en tout aage?
Veu que tu fais Terre fertile, & grasse,
Certainement tel grace n'est point grace:
Ne celluy don n'est don d'aulcune chose,
Mais plustost dam (si ce mot dire i'ose)
Et ressemblons parmy les biens du Monde
A Tantalus, qui meurt de soif en l'onde.
Et daultre part, si aulcun est venuste,
Prudent, & beau, gorgias, & robuste
Plus que nul aultre, est ce pas bien raison,
Qu'il en soit fier, puis qu'il a la choison?
Tu nous as faict les nuictz longues, & grandes,
Et toutesfois a veiller nous commandes.
Tu ne veulx pas que negligence on hante,
Et si as faict mainte chose attraiante
Le cueur des gens a oysiue paresse.
Las qu'ay ie dit? quelle fureur me presse?
Perds ie le sens? Helas mon Dieu reffrain
Par ta bonte de ma bouche le frain:

Le desuoié vueilles remettre en voye,
Et mon iniure au loing de moy enuoye:
Car tant sont vains mes argumens obliques,
Qu'il ne leur fault responses, ne repliques.
Tu veulx, que aulcuns en pauureté mandient,
Mais cest affin, qu'en s'excusant ne dient,
Que la richesse a mal les a induictz:
Et a plusieurs les grands tresors produictz,
A celle fin que de dire n'aient garde,
Que pauureté de bien faire les garde.
Tel est ton droict, voire & si croy que pour ce
Tu feis Judas gouuerneur de ta bourse:
Et au regard du faulx Riche inhumain,
Les biens liuras en son ingrate main,
A celle fin qu'il n'eust faulte de rien,
Quand il vouldroit vser de mal, ou bien.
Mais (ó Jesus) Roy doulx, & amyable
Dieu tresclement, & iuge pitoiable
Fais qu'en mes ans ta haultesse me donne,
Pour te seruir, saine pensée, & bonne,
Ne faire rien, qu'a ton honneur, & gloire,
Tes mandemens ouyr, garder, & croire,
Auec souspirs, regretz, & repentence
De t'auoir faict par tant de foys offense.
Puis quand la vie a Mort donnera lieu,
Las tire moy, mon Redempteur, & Dieu,
La hault, ou ioye indicible sentit
Celluy Larron, qui tard se repentit,
Pour & affin qu'en laissant tout moleste
Je soys remply de liesse Celeste:
Et que tamour, dedans mon cueur ancrée
Qui ma creé, pres de toy me recrée.

Epistre de Maguelonne a son Amy Pierre de Prouuence, elle estant en son Hospital.

Subscription de Lepistre.

Messaiger de Venus prens ta haulte vollée,
Cherche le seul Amant de ceste desolée:
Et quelque part qu'il rie, ou gemisse a present,
De ce piteux escript fais luy ung doulx present.

LA plus dolente, & malheureuse femme,
Qui oncq entra en l'amoureuse flamme
De Cupido, mect ceste Epistre en voye,
Et par icelle (amy) salut t'enuoye,
Bien congnoissant, que despite Fortune,
Et non pas toy, a present me infortune:
Car si tristesse auecques dur regret
Ma faict iecter maint gros souspir aigret.
Certes ie scay, que d'ennuy les alarmes
T'ont faict iecter maintesfois maintes larmes.
O noble cueur, que ie voulu choisir
Pour mon Amant, ce nest pas le plaisir
Qu'eusmes alors, qu'en la maison Royalle
Du Roy mon Pere a l'amye loyalle
Parlementas, d'elle tout vis a vis:
Si te prometz, que bien m'estoit aduis,
Que tout le bien du Monde, & le deduit
N'estoit que dueil, pres du gracieux fruict
D'un des baisers, que de toy ie receuz:
Mais noz espritz par trop furent deceuz,
Quand tout soubdain la fatalle Déesse
En dueil mua nostre grande lyesse,
Qui dura moins que celle de Dido:
Car tost apres que lenfant Cupido

M'eust faict laisser mon Pere puissant Roy,
Vinsmes entrer seuletz en desarroy
En vng grand boys, ou tu me descendis,
Et ton manteau dessus lherbe estendis,
En me disant, mamye Maguelonne,
Reposons nous sur lherbe qui fleuronne,
Et escoutons du Rossignol le chant.
Ainsi fut faict. Adonc en arrachant
Fleurs, et boutons de beaulte tresinsigne,
Pour te monstrer de vraye Amour le signe,
Je les gettoys de toy a lenuiron,
Puis deuisant m'assis sur ton giron:
Mais en comptant ce qu'auions en pensée,
Sommeil me print, car i'estois bien lassée.
Finablement m'endormy pres de toy,
Dont contemplant quelque beaulte en moy.
Et te sentant en ta liberte franche,
Tu descouuris ma poictrine assez blanche,
Dont de mon sein les deux pommes pareilles
Veis a ton gre, et tes leures vermeilles
Baiserent lors les miennes a desir.
Sans vilainie, en moy prins ton plaisir
Plus que rauy, voiant ta doulce amye
Entre tes bras doulcement endormye.
La tes beaulx yeux ne se pouuoient saouler:
Et si disois (pour plus te consoler)
Semblables motz en gemissante alaine.
O beau Paris, ie ne croy pas que Helaine,
Que tu rauis par Venus dedans Grece,
Eust de beaulte autant que ma Maistresse:
Si on le dit, certes ce sont abus.
Disans ces motz, tu vis bien que Phebus
Du hasle noir renvoit ma couleur taincte,
Dont te leuas, a couppas branche mainte,
Que tout au tour de moy tu vins estendre

Pour preseruer ma face ieune, & tendre.
Helas Amy, tu ne scauoys que faire
A me traicter, obeir, & complaire,
Comme celluy duquel i'auoys le cueur.
Mais ce pendant, ô gentil Belliqueur,
Je dormois fort, & Fortune veilloit:
Pour nostre mal las elle trauailloit.
Car quand ie fuz de mon repos lassée,
En te cuidant donner vne embrassée,
Pour mon las cueur grandement consoler,
En lieu de toy, las ie veins accoler
De mes deux bras la flairante ramée,
Qu'autour de moy auoys mise, & semée,
En te disant, mon gracieux Amy,
Ay ie point trop a vostre gre dormy?
N'est il pas temps, que d'icy ie me lieue?
Ce proferant, vng peu ie me soublieue,
Je cherche, & cours, ie reuiens, & puis voys,
Au tour de moy ie ne veis que les boys,
Dont maintesfois i'appellay Pierre, Pierre,
As tu le cueur endurcy plus que Pierre,
De me laisser en cestuy boys absconse?
Quand de nully n'eu aulcune responce,
Et que ta voix point ne me reconforte,
A terre cheuz, comme transie, ou morte:
Et quand apres mes langoreux espritz
De leur vigueur furent vng peu surpris,
Semblables motz ie dis de cueur, & bouche.
Helas amy, de prouesse la souche,
Ou es allé? Es tu hors de ton sens,
De me liurer la douleur que ie sens
En ce boys plein de bestes inhumaines?
M'as tu osté des plaisances mondaines,
Que ie prenoys en la maison mon Pere,
Pour me laisser en ce cruel repaire?

Las qu'as tu faict, de t'en partir ainsi?
Penses tu bien que puisse viure icy?
Que t'ay ie faict, ô cueur fasché, & immunde?
 Se tu estoys le plus noble du Monde,
Ce vilain tour si rudement te blesse,
Qu'oster te peult le tiltre de noblesse.
 O cueur remply de fallace, & faincttise,
O cueur plus dur, que n'est la roche bise,
O cueur plus faulx, qu'oncques nasquit de Mere.
 Mais responds moy a ma complaincte amere,
Me promis tu en ma chambre parée,
Quand te promis suiure iour, & serée,
De me laisser en ce boys en dormant?
Certes tu es le plus cruel amant,
Qui oncques feut, d'ainsi m'auoir fraudée.
Ne suis ie pas la seconde Medée?
Certes ouy: & a bonne raison
Dire te puis estre laultre Iason.
 Disant ces motz, d'ung animé courage,
Te boys querant, comme pleine de rage,
Parmy les boys, sans doubter nulz trauaulx:
Et sur ce point rencontray noz cheuaulx
Encor liez, paissans lherbe nouuelle,
Dont ma douleur renforce, & renouuelle:
Car bien congneu, que de ta voulente
D'auecques moy ne t'estoys absente.
Si commencay, comme de douleur taincte,
Plus que deuant faire telle complaincte.
 Or voy ie bien (Amy) & bien appert,
Que maulgre toy en cestuy boys desert
Suis demourée. O Fortune indecente,
Ce n'est pas or, ne de lheure presente,
Que tu te prens a ceulx de haulte touche,
Et aux loiaulx. Quel rancune te touche?
Es tu d'enuie entachée, & pollue,

Dont nostre amour n'a esté dissolue:
O cher amy, o cueur doulx, & begnin,
Que nay ie prins d'Atropos le venin
Avecques toy: Vouloys tu que ma vie
Fust encor plus cruellement ravie:
Je te prometz qu'oncques a creature
N'ne survint si piteuse adventure.
Et a tort t'ay nommé, & sans raison
Le desloyal, qui conquist la toison:
Pardonne moy, certes ie men repens.
O fiers Lyons, & venimeux Serpens,
Crapaulx enflez, & toutes aultres bestes
Courez vers moy, & soyez toutes prestes
De devorer ma ieune tendre chair,
Que mon amy n'a pas voulu toucher
Qu'avec honneur. Ainsi morne demeure
Par trop crier, & plus noire que meure,
Sentant mon cueur plus froid que glace, ou marbre:
Et de ce pas montay dessus ung arbre
A grand labeur. Lors la veue s'espart
En la forest: mais en chascune part
Je n'entendy que les bois tresbydeuses,
Et hurlemens des bestes dangereuses.
De tous costez regardois, pour scavoir
Si le tien corps pourroit apparcevoir,
Mais ie ne vy que celluy boys sauluage,
La Mer profonde, & perilleux rivage,
Qui durement feit mon mal empirer.
La demouray (non pas sans souspirer)
Toute la nuict: o Vierge treshaultaine,
Raison y eut, car ie suis trescertaine,
Qu'oncques Thysbé, qui a la mort s'offrit
Pour Piramus, tant de mal ne souffrit.
En cuitant que les Loups d'adventure
De mon corps tien ne feissent leur pasture,

Toute la nuict ie passay sans dormir
Sur ce grant arbre, ou ne feis que gemir:
Et au matin que la clere Aurora
En ce bas Monde esclercy le iour a,
Me descendy, triste, morne, & pallie,
Et noz cheuaulx en plourant ie deslye
En leur disant: ainsi comme ie pense
Que vostre Maistre au loing de ma presence
Sen va errant par le Monde en esmoy,
Cest bien raison, que (comme luy, & moy)
Alliez seuletz par boys, plaine, & campaigne.
Adonc rencontre vne haulte montaigne:
Et de ce lieu, les Pelerins errans
Je pouuois veoir, qui tiroient sur les rengs
Du grand chemin de Romme saincte, & digne.
Lors deuant moy vey vne Pelerine,
A qui donnay mon Royal vestement
Pour le sien pouure: & des lors promptement
La tienne amour si m'incita grant erre
A te chercher en haulte Mer, & Terre:
Ou mainteffois de ton nom m'nqueroie,
Et Dieu tout bon souuent ie requeroie,
Que de par toy te feusse rencontrée.
Tant cheminay, que vins en la contrée
De Lombardie, en soucy tresamer:
Et de ce lieu me iectay sur la Mer,
Ou le bon vent si bien la Nef auance,
Qu'elle aborda au pays de Prouuence:
Ou mainte gent, en allant, me racompte
De ton depart: & que ton pere Conte
De ce pays durement sen contriste:
Ta noble Mere en a le cueur si triste,
Qu'en desespoir luy conuiendra mourir.
Penses tu point doncques nous secourir?
Veulx tu laisser ceste pauure loyalle

Née de sang, & semence Royalle
En ceste simple, & miserable vie:
Laquelle encor de ton Amour ravie,
En attendant de toy aulcun rapport,
Ung hospital a basty sur ung port
Dict de sainct Pierre, en bonne souvenance
De ton hault nom: & la prend sa plaisance
A gouverner, a lhonneur du hault Dieu,
Pauvres errans malades en ce lieu:
Ou iay basty ces myens tristes escriptz
En amertume, en pleurs, larmes, & cryz,
Comme peulx veoir, qu'ilz sont faictz, & tyssus:
Et si bien voys la main, dont sont yssus,
Ingrat seras, si en cest hospital,
Celle qui ta donné son cueur total,
Tu ne viens veoir: car Virginité pure
Te gardera, sans aucune rompure:
Et de mon corps seras seul ioyssant.
  Mais s'ainsi n'est, mon aage florissant
Consummeray sans ioye singuliere
En pauvreté, comme une hospitaliere.
  Doncques (Amy) viens moy veoir de ta grace.
Car tiens toy seur, qu'en ceste pauvre place
Je me tiendray, attendant des nouvelles
De toy, qui tant mes regretz renouvelles.

RONDEAU, DUQUEL LES lettres Capitales portent le nom de Lautheur.

Comme Dido, qui moult se courrouca,
Lors qu'Eneas seule la delaissa
En son Pais: tout ainsi Maguelonne
Mena son dueil: comme tressaincte, & bonne
En l'Hospital toute sa fleur passa.

Nulle Fortune oncques ne la blessa:
Toute constance en son cueur amassa,
Mieulx esperant: et ne fut point felonne,
Comme Dido.

Aussi celluy, qui toute puissance a,
Renuoya cil, qui au boys la laissa,
Ou elle estoit: mais quoy qu'on en blasonne,
Tant eut de dueil, que le Monde s'estonne,
Que d'un cousteau son cueur ne transpersa,
Comme Dido.

Lepistre du despourueu a ma Dame la Duchesse D'alencon, & de Berry, Soeur unique du Roy.

Si iay empris en ma simple ieunesse
De vous escripre, ô treshaulte Princesse,
Je vous supply, que par doulceur humaine
Me pardonnez, car Bon vouloir, qui me me
Le mien desir, me donna esperance
Que vostre noble, et digne preference
Regarderoit par ung sens tresillustre,
Que petit feu ne peult getter grand lustre.
Aultre raison qui me induit, & inspire
De plus en plus le mien cas vous escripre,
Cest qu'une nuict tenebreuse, & obscure
Me fut aduis, que le grand dieu Mercure
Chief d'Eloquence, en partant des haultz Cieux
S'en vint en Terre apparoistre a mes yeulx,
Tenant en main sa verge, et Caducée
De deux Serpens par ordre entrelassée:
Et quand il eut sa face celestine
(Qui des humains la memoire illumine)
Tournée a moy, contenance, ne geste
Ne peus tenir, voyant ce corps celeste,
Qui d'une Amour entremeslee de ire
Me commenca semblables motz a dire.

Mercure en forme de Rondeau.

Mille douleurs te feront souspirer,
Si en mon art tu ne veulx inspirer
Le tien esprit par cure diligente:
Car bien peu sert la Poësie gente,

Si bien

Si bien, & loz on n'en veult attirer.

Et se aultrement tu ny veulx aspirer,
Certes Amy, pour ton dueil empirer,
Tu souffriras des fois plus de cinquante
Mille douleurs.
Donc si tu quiers au grand chemin tirer
D'honneur, & bien, vueilles toy retirer
Vers d'Alencon la Duchesse excellente,
Et de tes faitz (telz qui sont) luy presente,
Car elle peult te garder d'endurer
Mille douleurs.

Lautheur.

Apres ces motz, ses aelles esbranla,
Et vers les cours Celestes s'en alla
L'eloquent Dieu: mais a peine fut il
Monté au Ciel par son voller subtil,
Que dedans moy (ainsi qu'il me sembla)
Tout le plaisir du Monde s'assembla.
Les bons propos, les raisons singulieres
Je voys cherchant, et les belles matieres
A celle fin de faire Oeuure duisante
Pour Dame, tant en vertus reluisante.
Que diray plus? Certes les miens espritz
Furent dès lors comme de ioye espris:
Bien disposez d'une veine subtile,
De vous escrire en vng souuerain stile.
Mais tout soubdain, Dame tresvertueuse,
Vers moy s'en vint vne Vielle hideuse,
Maigre de corps, et de face blemie,
Qui se disoit de Fortune ennemye:
Le cueur auoit plus froid que glace, ou marbre,
Le corps tremblant comme la feuille en larbre,
Les yeux baissez, comme de paour estraincte,

Et s'appelloit par son propre nom Crainte:
Laquelle lors d'un vouloir inhumain
Me feist saillir la plume hors la main,
Que sur papier tost ie voulois coucher,
Pour au labeur mes espritz empescher:
Et tous ces motz de me dire print cure
Mal consonans a ceulx du Dieu Mercure.

Crainte parlant en forme de Rondeau.

Trop hardiment entreprens, a messaictz
O toy tant ieune: oses tu bien tes faictz
Si mal bastiz presenter deuant celle,
Qui de scauoir toutes aultres precelle:
Mal peult aller, qui charge trop grand fais.

Tous tes labeurs ne sont que contrefaictz
Aupres de ceulx des Orateurs parfaictz,
Qui craignent bien de s'adresser a elle
Trop hardiment.

Si ton sens foible aduisoit les forfaictz
Aisez a faire en tes simples effectz,
Tu diroys bien, que petite Nasselle
Trop plus souuent, que la grande, chancelle.
Et pour autant, regarde que tu faiz
Trop hardiment.

Lautheur.

Ces motz finiz, demeure mon semblant
Triste, transi, tout terny, tout tremblant,
Sombre, songeant, sans seure soustenance,
Dur d'esperit, desnué d'esperance,
Melencolic, morne, marry, musant,

Passe, perplex, paoureux, pensif, pesant,
Foible, failly, foulé, fasché, forclus,
Confuz, courcé. Croyre Crainte concluz,
Bien congnoissant que Verité disoit
De celle la, que tant elle prisoit:
Dont ie perdz cueur, & audace me laisse:
Crainte me tient, Doubte me meine en laisse,
Plus dur devient le mien esprit qu'enclume.
Si ruay ius encre, papier, & plume,
Voire, et de faict proposois de non tiltre
Jamais pour vous Rondeau, Lay, ou Epistre,
Si n'eust esté, que sur ceste entreprise
Vint arriver (a tout sa barbe grise)
Vng bon Viellard, portant chere ioyeuse,
Confortatif, de parolle amoureuse,
Bien ressemblant homme de grand renom,
Et s'appelloit Bon Espoir par son nom:
Lequel voyant ceste femme tremblante
Aultre que humaine (a la veoir) ressemblante
Vouloir ainsi mon malheur pourchasser,
Fort rudement s'efforce a la chasser,
En me incitant d'avoir hardy courage
De besongner, & faire a ce coup rage.
Puis folle Crainte amye de Soucy
Irrita fort, en l'escriant ainsi.

Bon Espoir parlant en forme de Ballade.

VA t'en ailleurs, faulce Vieille dolente,
Grande ennemie a Fortune, & bon Heur,
Sans forvoyer par ta parolle lente
Le pauvre humain hors la voye d'honneur:
Et toy Amy, croy moy, car guerdonneur
Je te seray, si craintif ne te sens:

Croy donc Mercure, emploie tes cinq sens,
Cueur, & esprit, & fantasie toute
A composer nouveaulx motz, & recens,
En dechassant crainte, soucy, & doubte.

Car celle la, vers qui tu as entente
De t'adresser, est pleine de liqueur
D'humilité, ceste vertu patente,
De qui iamais vice ne fut vainqueur.
Et oultre plus, c'est la Dame de cueur
Mieulx excusant les espritz, & sens
Des Escriuains, tant soient ilz innocens,
Et qui plus tost leurs miseres deboute.
Si te supply, a mon vueil condescens,
En dechassant crainte, soucy, & doubte.

Est il possible, en vertu excellente
Qu'ung corps tout seul puisse estre possesseur
De trois beaulx dons, de Juno l'opulente,
Pallas, Venus? ouy: car ie suis seur
Qu'elle a prudence, auoir, beaulte, doulceur,
Et des Vertus encor plus de cinq cens.
Parquoy amy, si tes dictz sont decens,
Tu congnoistras (& de ce ne te doubte)
A quel honneur viennent Adolescens
En dechassant crainte, soucy, & doubte.

Envoy.

Homme craintif, tenant rentes, & cens
Des Muses, croy, si iamais tu descends
Au lac de paour, qui hors d'espoir te boute,
Mal t'en yra: pource a moy te consens
En dechassant crainte, soucy, & doubte.

Le despourueu.

En ce propos grandement trauaillay,
Iusques a tant qu'en sursault m'esueillay
Vng peu deuant, qu'Aurora la fourriere
Du cler Phebus commencast mettre arriere
L'obscurite nocturne sans seiour,
Pour esclarcir la belle Aulbe du iour.
Si me souuint tout acoup de mon songe,
Dont la pluspart n'est fable, ne mensonge.
A tout le moins pas ne fut mensonger
Le bon Espoir, qui vint a mon songer:
Car verite feit en luy apparoistre
Par ses vertus, qu'en vous il disoit estre.
Or ay ie faict au vueil du dieu Mercure,
Or ay ie prins la hardiesse, & cure
De vous escrire a mon petit pouuoir,
Me confiant aux parolles d'Espoir
Le bon Vieillard, vray confort des craintifz,
A droit nommé repaisseur des chetifz,
Car repeu m'a tousiours soubz bonne entente
En la Forest nommée longue Attente:
Voire & encor de my tenir s'attend,
Si vostre grace enuers moy ne s'estend.
Parquoy conuient qu'en esperant ie viue,
Et qu'en viuant tristesse me poursuiue.
Ainsi ie suis poursuit, & poursuiuant
D'estre le moindre, & plus petit seruant
De vostre Hostel (magnanime Princesse)
Aiant espoir, que la vostre noblesse
Me receura, non pour aulcune chose
Qui soit en moy pour vous seruir enclose:
Non pour prier, requeste, ou rhetorique,
Mais pour lamour de vostre Frere vnique,
Roy des Francoys, qui a lheure presente
Vers vous m'enuoye, & a vous me presente

De par Pothon, gentil homme honnorable.
En me prenant, Princesse venerable,
Dire pourray, que la Nef opportune
Aura tiré de la Mer d'infortune,
Maulgre les ventz, iusque en L'isle d'Honneur
Le Pelerin exempté de bon heur :
Et si auray par ung ardant desir
Cueur, & raison de prendre tout plaisir
A esueiller mes esperitz indignes
De vous seruir, pour faire Oeuures condignes,
Telz qui plaira a vous, treshaulte Dame,
Les commander : priant de cueur, & d'ame
Dieu tout puissant, de tous humains le Pere,
Vous maintenir en fortune prospere :
Et dans cent ans prendre lame a mercy
Partant du corps sans douleur, ne soucy.

Lepistre du Camp d'Atigny, A ma dicte Dame d'Alencon.

Subscription.

Lettre mal faicte, & mal escripte
Volle de par cest Escripuant
Vers la plus noble Marguerite,
Qui soit point au Monde viuant.

Epistre.

La main tremblant dessus la blanche carte
Me voy souuent : la plume loing s'escarte,
Lencre blanchist, & lesperit prend cesse,
Quand i'entreprens (tresillustre Princesse)
Vous faire escriptz : & n'eusse prins l'audace,
Mais Bon Vouloir, qui toute paour efface,
M'a dict, crains tu a escrire soubdain

Vers celle la, qui oncques en deſdain
Ne print tes faictz: ainſi a leſtourdy
Me ſuis monſtré (peult eſtre) trop hardy,
Bien congnoiſſant neautmoins, que la faulte
Ne vient ſinon d'entrepriſe trop haulte:
Mais ie m'attens, que ſoubz voſtre recueil
Sera congneu le zele de mon vueil.
Or eſt ainſi, Princeſſe magnanime,
Qu'en hault honneur, & triumphe ſublime
Eſt floriſſant en ce Camp, ou nous ſommes,
Le Conquerant des cueurs des gentilz hommes:
Ceſt Monſeigneur par ſa vertu royalle
Eſleu en Chef de l'Armée Royalle:
Ou lon a veu de guerre maintz eſbatz,
Aduenturiers eſmouuoir gros combatz
Pour leur plaiſir ſur petites querelles,
Glaiues tirer, & briſer allumelles,
Sentrenaurans de facon fort eſtrange:
Car le cueur ont ſi treſhault, qu'en la fange
Pluſtoſt mourront, que fuyr a la lice:
Mais Monſeigneur, en y mettant police,
A deffendu de ne tirer eſpee,
Si on ne veult auoir la main couppee.
Ainſi Pietons n'oſent plus deſgayner,
Dont ſont contrainctz au poil ſentretrainer,
Car ſans combatre ilz languiſſent en vie:
Et croy (tout ſeur) qu'ilz ont trop plus d'enuie
D'aller mourir en guerre honneſtement,
Que demourer chez eulx oyſiuement.
Ne penſez pas, Dame, ou tout bien abonde,
Qu'on puiſſe veoir plus beaulx hommes au Monde:
Car (a vray dire) il ſemble que Nature
Leur ait donné corpulence, & facture
Ainſi puiſſante, auec le cueur de meſmes,
Pour conquerir ſceptres, & diadeſmes

En mer, a pied, sur Coursiers, ou Genetz:
Et ne desplaise a tous noz Lansquenetz,
Qui ont le bruit de tenir aulcun ordre,
Mais a ceulx cy n'a point tant a remordre.
Et qui d'entreulx lhonnestete demande,
Voyse orendroit veoir de Mouy la bande
D'adventuriers yssus de nobles gens.
Nobles sont ilz, pompeux, et diligens,
Car chascun iour au camp soubz leur enseigne
Font excercice, et l'ung a l'autre enseigne
A tenir ordre, et manier la picque,
Ou le verdun, sans prendre noise, ou picque.
De lautre part, soubz ses fiers Estandars
Meine Boucal mille puissans souldars,
Qui ayment plus debatz, et grosses guerres,
Qu'un laboureur bonne paix en ses terres.
Et que ainsi soit, quand rudement se battent,
Aduis leur est proprement qu'ilz s'esbatent.
Dautre costé, voyt on le plus souuent
Lorges iecter ses enseignes au vent,
Pour ses Pietons faire vsiter aux armes,
Lors que viendront les perilleux vacarmes:
Grans hommes sont en ordre triumphans,
Jeunes, hardis, roydes comme Elephans,
Fort bien armez corps, testes, bras, et gorges:
Aussi dit on, les Hallecretz de Lorges.
Puis de Mouy, les nobles, a gentilz:
Et de Boucal les hommes peu craintifz:
Brief, Hercules, Montmoreau, et Dasnieres
Ne font pas moins triumpher leurs bannieres:
Si que deca on ne scauroit trouuer
Homme, qui n'ayt desir de s'esprouuer,
Pour acquerir par hault oeuure bellique
L'amour du Roy, le vostre frere vnique,
Et par ainsi, en bataille ou assault

N'y aura cil, qui ne prenne cueur hault,
Car la pluſpart ſi hardiment yra,
Que tout la reſte au choc ſ'enhardira.
De iour en iour vne campagne verte
Voit on icy de gens toute couuerte,
La picque au poing, les tranchantes eſpees
Ceintes a droit, chauſſeures decoupées,
Plumes au vent, & haulx fiffres ſonner
Sus gros tabours, qui font laer reſonner:
Au ſon deſquelz, dune fiere facon,
Marchent en ordre, et font le limacon,
Comme en bataille, affin de ne faillir,
Quand leur fauldra deffendre, ou aſſaillir,
Touſiours crians, les Ennemis ſont noſtres:
Et en tel poinct ſont les six mil Apoſtres
Deliberez ſoubz leſpée Sainct Pol,
Sans que aulcun d'eulx ſe monſtre laſche, ou mol.
Souuenteſfois par deuant la maiſon
De Monſeigneur viennent a grant foiſon
Donner laubade a coups de hacquebutes,
D'un aultre accord qu'Eſpinettes, ou Fluſtes.
Apres oyt on ſur icelle praerie
Par grand terreur bruire Lartillerie,
Comme Canons doubles, & racourſiz,
Chargez de pouldre, & gros bouletz maſſifz,
Faiſans tel bruit, qu'il ſemble que la Terre
Contre le Ciel vueille faire la guerre.
Voyla comment (Dame treſrenommée)
Triumphamment eſt conduicte Larmée,
Trop mieulx aymant combatre a dure oultrance,
Que retourner (ſans coup ferir) en France.
De Monſeigneur, qui eſcrire en vouldroit,
Plus cler eſprit que le mien y fauldroit:
Puis ie ſens bien ma plume trop ruralle
Pour exalter ſa maiſon liberalle,

Qui a chascun est ouuerte, & patente.
Son cueur tant bon gentilz hommes contente,
Son bon vouloir gens de guerre entretient,
Sa grand vertu bonne iustice tient,
Et sa iustice en guerre la paix faict,
Tant que chascun va disant (en effect)
Voicy celluy tant liberal, & large,
Qui bien merite auoir Royalle charge.
C'est celluy la qui tousiours en ses mains
Tient, & tiendra l'amour de tous humains:
Car puis le temps de Cesar dict Auguste,
On n'a point veu Prince au monde plus iuste.
Tel est le bruyt, qui de luy court sans cesse.
Entre le peuple, & ceulx de la noblesse,
Qui chascun iour honneur faire luy viennent
Dedans sa chambre, ou maintz propos se tiennent,
Non pas d'Oyseaulx, de Chiens, ne leur aboys:
Tous leurs deuis, ce sont Haches, Gros boys,
Lances, Harnoys, Estandars, Gouffanons,
Salpestre, Feu, Bombardes, & Canons:
Et semble aduis a les ouyr parler,
Qu'oncques ne fut memoire de baller.
Bien escriroys encores aultre chose,
Mais mieulx me vault rendre ma lettre close
En cest endroit: car les Muses entendent
Mon rude stile, & du tout me deffendent
De plus rien dire, affin qu'en cuydant plaire,
Trop long escript ne cause le contraire.
Et pour autant (Princesse cordialle
Tige partant de la fleur Liliale)
Je vous supply ceste Epistre en gre prendre,
Me pardonnant de mon trop entreprendre,
Et m'estimer (si peu que le desseres)
Tousiours du rang de voz treshumbles serfz.
Priant celluy, qui les ames heurees

Faict triumpher aux maisons Siderees,
Que son vouloir, & souuerain plaisir
Soit mettre a fin vostre plus hault desir.

Epistre en prose a la dicte Dame touchant Larmee du Roy en Haynault.

ICy veoit on (tresillustre Princesse) du Roy la triumphante Armee: qui vng Mecredy (comme scauez) s'attendant auoir la Bataille, par parolles persuadentes a le bien seruir esleua le cueur de ses gens a si voluntaire force, que alors ilz eussent non seulement combatu, mais fouldroye le reste du Monde pour ce iour: auquel fut veue la haultesse de cueur de maintz Cheualiers, qui par ardãt desir voulurent poulser en la flotte des Ennemis, lors qu'en diffamée fuyte tournerent, laissant grand nombre des leurs ruinez en la campaigne par impetueux oraige d'Artillerie: dont fut attaint le Bastart Daimery si au vif, que le lẽdemain fina ses iours a Vallẽciennes. Apres peult on veoir des anciens Capitaines la rusée cõduicte: de leurs gens darmes la discipline militaire obseruee: l'ardeur des Aduenturiers, & l'ordre des Suysses, auec le Triũphe general de l'Armée Gallicane: dont la veue seulement a meurtry l'honneur de Haynault, comme le Basilicque premier voyant l'homme mortel. Aultre chose (ma souueraine Dame) ne voions nous, qui ne soit lamentable, comme pauures femmes desolees errãtes (leurs enfans au col) au trauers du pays despouillé de verdure par le froid yuernal, qui ia les cõmẽce a poindre: puis s'en võt chauffer en leurs Villes, Villages, & Chasteaulx mis a feu, cõbustion, & ruine totale, par vẽgeãce reciprque: voire vẽgeãce si cõfuse et se, & vniuerselle, que noz Ennemis propres font passer pitie deuant noz yeux. Et en telle miserable facon, ceste impitoiable Herpête, la Guerre a obscurcy lair pur & nect, par pouldre de terre seiche, par salpestre, & pouldre artificielle, & par fumée causée de boys mortel ardant en feu (sans eaue de grace) inextinguible. Mais nostre espoir par deca est, que les prieres d'entre vous nobles Princesses monteront si auant es chambres Celestes, que au moyen dicelles, la tressacrée fille de Iesuchrist, nommée Paix, descēdra trop plus luisante que le Soleil, pour illuminer les regions Gallicques. Et lors sera vostre noble sang hors du dangier d'estre espandu sur les mortelles plaines. D'autre part, aux cueurs des ieunes Dames, & Damoyselles entrera certaine esperance du retour desiré de leurs Maritz: & viuront pauures Laboureurs seurement en leurs habitacles, comme Prelatz en chambres bien nattées. Ainsi, bien heurée Princesse, esperons nous la non assez soubdaine venue de Paix: qui toutesfois peult finablement reuenir en despit de Guerre cruelle. Comme tesmoigne Minfant en sa Comedie de fatalle destinée, disant:

Paix engendre Prosperite:
De Prosperite, vient Richesse:
De Richesse, Orgueil, Volupte:
D'orgueil, Contention sans cesse:
Contention la Guerre addresse:
La Guerre, engendre Pauurete:
La Pauurete, Humilite:
D'humilite reuient la Paix.
Ainsi retournent humains faictz.

Voyla comment (au pis aller, dont Dieu nous gard) peult reuenir celle precieuse Dame souuent appellée par la nation Francoise dedans les temples diuins, chantans: Seigneur, donne nous paix. Laquelle nous vueille de brief enuoyer icelluy Seigneur, & Redempteur Jesus : qui vous doint heureuse vie transitoire, & en fin eternelle.

Epistre a la Damoyselle negligente de venir veoir ses Amys.

NE pense pas, tresgente Damoyselle,
Ne pense pas, que l'amour, & vray zelle,
Que te portons, iamais finisse, & meure
Pour ta trop longue, & fascheuse demeure.
Fascheuse est elle, au moins en noz endroictz:
Mais ores quand quarante ans te tiendrois
Loing de noz yeux, si auroit on (pour voir)
Recordz de toy, & dueil de ne te veoir:
Car le long temps, ne l'absence loingtaine
Vaincre ne peult lamour vraye, & certaine.
Si t'aduisons, nostre Amye treschere,
Que pardeca ne se faict bonne chere,
Que de t'auoir on ne face vng souhaict.
Si lung sen rit, si laultre est a son haict.
Si lung s'esbat, si laultre se recrée,
Si tost qu'on tient propos, qui nous agrée,
Tant que le cueur de plaisir nous sautelle,
Pleust or a Dieu (ce dit lon) qu'une telle
Fust or icy. Lautre dit, pleust a Dieu
Qu'un Ange l'eust transportée en ce lieu:
Mais pleust a dieu (dit laultre) que Astarot
L'apportast saine, aussi tost qu'un garrot.
Voila comment pour ta fort bonne grace,
Il n'y a cil, qui son souhaict ne face
D'estre auec toy : & ne pouuons scauoir,
Pourquoy ne viens tes Amys deca veoir:

Le chemin n'est ny fascheux, ny crotté,
En moins d'auoir dict vng Obsecro te,
En noz quartiers tu seroys arriuée:
Pourquoy donc es de nous ainsi priuée?
Possible n'est, que bien t'excuser sceusses.
Brief, nous vouldrions qu'aussi hault voller peusses,
Que le hault mont d'Olimpe, ou Parnasus:
Ou qu'eusses or le Cheual Pegasus,
Qui te portast vollant par les Prouinces:
Ou qu'a present a ton vouloir tu tinses
Par le licol, par queue, ou par collet
Le bon Cheual du gentil Pacollet:
Ou que ton pied fust aussi legier doncques,
Que Bische, ou Cerf, que le Roy chassa oncques:
Ou que de la iusque icy courrust eau,
Qui deuers nous te menast en Bateau.
Lors n'auroys tu bonne excuse iamais,
Mais scauroit on si en oubly tu metz
Les tiens Amys. Car adonc ne tiendroit,
Fors seulement au bon vouloir, & droit,
Et a l'amour, qui aux gens donne soing
De venir veoir les Amys au besoing:
Quoy qu'enuers toy n'auons paour qu'elle faille,
Mais prions Dieu qu'excuse te defaille,
Affin qu'amour, qui onc ne te laissa,
A noz desirs t'ameine pardeca.

Lepistre des Jartieres Blanches.

De mes couleurs, ma nouuelle Allice,
Estre ne peult vostre iambe liée,
Car couleurs n'ay, & n'en porteray mye,
Jusques a tant, que i'auray vne Amye,
Qui me taindra le seul blanc, que ie porte,

En ses couleurs de quelcque belle sorte.
Pleust or a Dieu, pour mes douleurs estaindre,
Que vous eussiez vouloir de les me taindre:
C'est qu'il vous pleust pour Amy me choisir
D'aussi bon cueur, que i'en ay bon desir:
Que dy ie Amy? Mais pour humble seruant,
Quoy que ne soye ung tel bien desseruant.
Mais quoy? au fort, par loyaulment seruir
Ie tascheroye a bien le desseruir.
Brief, pour le moins, tout le temps de ma vie
D'une autre aymer ne me prendroit enuie.
Et par ainsi quand ferme ie seroys,
Pour prendre noir, le blanc ie laisseroys:
Car fermete c'est le noir par droicture,
Pource que perdre il ne peult sa taincture.
Or porteray le blanc, ce temps pendant
Bonne Fortune en amours attendant.
Si elle vient, elle sera receue
Par loyaulte dedans mon cueur conceue:
S'elle ne vient, de ma voulente franche,
Ie porteray tousiours liuree blanche.
C'est celle la, que i'ayme le plus fort
Pour le present: vous aduisant au fort,
Si i'ayme bien les blanches ceincturettes,
I'ayme encor mieulx Dames, qui sont brunettes.

Petite Epistre au Roy.

En m'esbatant ie faiz Rondeaux en rime,
Et en rimant bien souuent ie m'enrime:
Brief, c'est pitie d'entre nous Rimailleurs,
Car vous trouuez assez de rime ailleurs,
Et quand vous plaist, mieulx que moy, rimassez,
Des biens auez, et de la rime assez.
Mais moy a tout ma rime, & ma rimaille

Je ne soustiens (dont ie suis marry) maille.
Or ce me dist (ung iour) quelque Rimart,
Viença, Marot, trouues tu en rime art,
Qui serue aux gens, toy qui as rimassé:
Ouy vrayement (respondz ie) Henri Macé.
Car voys tu bien, la personne rimante,
Qui au Jardin de son sens la rime ente,
Si elle na des biens en rimoyant,
Elle prendra plaisir en rime oyant:
Et m'est aduis, que si ie ne rimoys,
Mon pauure corps ne seroit nourry moys,
Ne demy iour. Car la moindre rimette
C'est le plaisir, ou fault que mon rys mette.
Si vous supply, qu'a ce ieune Rimeur
Faciez auoir ung iour par sa rime heur.
Affin qu'on die, en prose, ou en rimant,
Ce Rimailleur, qui s'alloit enrimant,
Tant rimassa, rima, et rimonna,
Qu'il a congneu, quel bien par rime on a.

Epistre pour le Capitaine Bourgeon. A Monsieur de la Rocque.

Comme a celluy, en qui plusfort i'espere,
Et que ie tiens pour Pere a plus que Pere,
A vous me plaings par cest escript legier,
Que ie ne puis de Paris desloger,
Et si en ay vouloir tel, comme il fault:
Mais quoy? cest tout: la reste me deffault,
J'entens cela qui m'est le plus duisant.
Mais que me vault d'aller tant deuisant?
Venons au point: vous scauez sans reproche,
Que suis boyteux, aumoins comment ie cloche:
Mais ie ne scay, si vous scauez, comment

Je n'ay

Je n'ay Cheual, ne Mulle, ne Jument.
Parquoy Monsieur, ie le vous fais scauoir,
A celle fin que m'en faciez auoir:
Ou il fauldra (la chose est toute seure)
Que voyse a pied, ou bien que ie demeure.
Car en finer ie ne m'attendz d'ailleurs.
Raison pourquoy: Il n'est plus de bailleurs,
Si non de ceulx lesquelz dormiroient bien.
Si vous supply, le treschier Seigneur mien,
Baillez assez, mais ne vueillez dormir.
Quand Desespoir me veult faire gemir,
Voicy comment bien fort de luy me mocque:
O Desespoir, croy que soubz vne rocque,
Rocque bien ferme, et pleine d'asseurance
Pour mon secours est cachee Esperance:
Si elle en sort, te donnera carriere,
Et pource donc recule toy arriere.
Lors Desespoir s'en va seignant du nez,
Mais ce n'est rien, si vous ne l'eschinez:
Car aultrement iamais ne cessera
De tormenter le bourgeon, qui sera
Tousiours bourgeon, sans Raisin deuenir,
S'il ne vous plaist de luy vous souuenir.

Epistre faicte pour le Capitaine Raisin, audict Seigneur de la Rocque.

En mon viuant ie ne te feis scauoir
Chose de moy, dont tu deusses auoir
Ennuy, ou dueil: mais pour l'heure presente,
Treschier Seigneur, il fault que ton cueur sente
Par amytie, et par ceste escripture
Vng peu d'ennuy de ma male aduenture.
Et m'attens bien, qu'en maint lieu, ou iras,

A mes amys ceste Epistre lyras.
Je ne veulx pas aussi que tu leur celles:
Mais leur diras, Amys, i'ay des nouuelles
D'un malheureux, que Venus la déesse
A forbanny de soulas, & liesse.
Tu diras vray, car maulx me sont venus
Par le vouloir de impudique Venus.
Laquelle feit tant par Mer que par Terre
Sonner vng iour contre femmes la Guerre:
Ou trop tost s'est maint Cheualier trouué
Et maint grand homme a son dam esprouué,
Maint bon Courtault y fut mis hors d'alaine,
Et maint Mouton y laissa de sa laine.
Brief, nul ne peult (soit par Feu, Sang, ou Mine)
Gaigner proffit en guerre feminine:
Car leur ardeur est aspre le possible:
Et leur harnois hault & bas inuincible.
Quant est de moy, ieunesse paoure, & sotte
Me feit aller en ceste dure flotte
Fort mal garny de lances, & escus.
Semblablement, le gentil Dieu Bacchus
My amena accompaigné d'Andoilles,
De gros Jambons, de Verres, et Gargoilles,
Et de bon Vin versé en maint Flascon:
Mais ie y receu si grand coup de Faulcon,
Qu'il me fallit soubdain faire la poulle,
Et m'enfuir (de peur) hors de la foulle.
Ainsi nauré ie contemple, & remire,
Ou ie pourrois trouuer souuerain Mire:
Et prenant cueur aultre que de malade
Vins circuir les limites d'Archade,
La Terre neufue, & la grand Tartarie,
Tant qu'a la fin me trouuay en Surie.
Ou vng grand Turc me vint au corps saisir,
Et sans auoir a luy faict desplaisir,

Par plusieurs iours ma si tresbien frotté
Le Dos, les Rains, les Bras, et le Costé,
Qu'il me conuint gesir en vne couche
Criant les Dentz, le Cueur, aussi la Bouche,
Disant, helas, o Bacchus puissant Dieu,
M'as tu mené expres en ce hault lieu,
Pour veoir a l'oeil moy le petit Raisin
Perdre le goust de mon proche Cousin?
Si vne fois puis auoir allegeance,
Certainement i'en prendray bien vengeance:
Car ie feray vne armee legiere
Tant seulement de lances de fougiere,
Camp de Tauerne, & pauoys de Jambons,
Et Boeuf salle, qu'on trouue en mangeant bons,
Tant que du choc rendray tes Flascons vuides,
Si tu n'y metz grand ordre, & bonnes guydes.
Ainsi i'eslieue enuers Bacchus mon cueur,
Pource qu'il m'a priué de sa liqueur,
Me faisant boyre en chambre bien serrée
Fade Tisane, auecques eau ferrée,
Dont souuent fais ma grand soif estancher.
Voyla comment (ô Monseigneur tant cher)
Soubz l'estandard de Fortune indignée
Ma vie feut iadis predestinée.
En fin d'escript, bien dire le te vueil,
Pour adoulcir l'aigreur de mon grant dueil
Car dueil caché en desplaisant courage,
Cause trop plus de douleur, et de rage,
Que quand il est par parolles hors mis,
Ou declairé par lettre a ses Amys)
Tu es des miens le meilleur esprouué:
Dieu cestuy, que tel t'ay bien trouué.

Marot a Monsieur Bouchart Docteur en Theologie.

Donne response a mon present affaire,
Docte Docteur. Qui t'a induict à faire
Emprisonner depuis six iours en ca
Vng tien amy, qui onc ne t'offensa?
Et vouloir mettre en luy crainte, & terreur
D'aigre iustice, en disant que l'erreur
Tiens de Luther? Point ne suis Lutheriste,
Ne Zuinglien, & moins Anabatiste:
Sinon de Dieu par son filz Iesuchrist.
Ie suis celluy, qui ay faict maint escript,
Dont vng seul vers on n'en scauroit extraire,
Qui a la Loy diuine soit contraire.
Ie suis celluy qui prends plaisir, & peine
A louer Christ, & sa Mere tant pleine
De grace infuse: & pour bien l'esprouuer,
On le pourra par mes escriptz trouuer.
Brief, celluy suis, qui croit, honnore, & prise
La saincte vraie, & catholique Eglise:
Aultre doctrine en moy ne veulx bouter:
Ma Loy est bonne. Et si ne fault doubter,
Qu'a mon pouuoir ne la prise, & exaulse,
Veu qu'ung Payen prise la sienne faulse.
Que quiers tu donc, o Docteur catholique?
Que quiers tu donc? As tu aulcune picque
Encontre moy? ou si tu prends saueur
A me trister desoubz aultruy faueur?
Ie croy que non: mais quelcque faulx entendre
T'a faict sur moy telle rigueur estendre.
Doncques refrains de ton couraige l'ire.
Que pleust a Dieu, qu'ores tu peusses lire
Dedans ce corps de franchise interdict,
Le cueur verrois aultre qu'on ne t'a dit.

A tant me tais, cher Seigneur nostre Maistre,
Te suppliant, a ce coup amy m'estre.
Et si pour moy a raison tu n'es mis,
Fais quelcque chose au moins pour mes amys,
En me rendant par une horsboutée
La liberte, laquelle m'as ostée.

Epistre a son amy Lyon.

JE ne t'escry de l'amour vaine, & folle,
Tu voys assez, s'elle sert, ou affolle:
Je ne t'escry ne d'Armes, ne de Guerre,
Tu voys, qui peult bien, ou mal y acquerre:
Je ne t'escry de Fortune puissante,
Tu voys assez, s'elle est ferme, ou glissante:
Je ne t'escry d'abus trop abusant,
Tu en scais prou, & si n'en vas usant:
Je ne t'escry de Dieu, ne sa puissance,
C'est a luy seul t'en donner congnoissance:
Je ne t'escry des Dames de Paris,
Tu en scais plus, que leurs propres Maris:
Je ne t'escry, qui est rude, ou affable,
Mais ie te veulx dire une belle Fable:
C'est assavoir du Lyon, & du Rat.
Cestuy Lyon plus fort qu'ung vieulx Verrat,
Veit une fois, que le Rat ne scavoit
Sortir d'ung lieu, pour autant qu'il avoit
Mangé le lard, & la chair toute crue:
Mais ce Lyon (qui iamais ne fut Grue)
Trouva moyen, & maniere, & matiere
D'ongles, & dentz, de rompre la ratiere:
Dont maistre Rat eschappe vistement:
Puis mist a terre ung genoul gentement,

Et en ostant son bonnet de sa teste,
A mercie mille foys sa grand beste:
Iurant le Dieu des Souriz, et des Ratz,
Qu'il luy rendroit. Maintenant tu verras
Le bon du compte. Il aduint d'auenture,
Que le Lyon pour chercher sa pasture,
Saillit dehors sa cauerne, & son siege:
Dont (par malheur) se trouua pris au piege,
Et fut lié contre vng ferme posteau.
Adonc le Rat, sans serpe, ne cousteau,
Il arriua ioyeulx, & esbaudy,
Et du Lyon (pour vray) ne s'est gaudy:
Mais despita Chatz, Chates, & Chatons,
Et prisa fort Ratz, Rates, & Ratons,
Dont il auoit trouué temps fauorable
Pour secourir le Lyon secourable:
Auquel a dit, tays toy Lyon lié,
Par moy seras maintenant deslié:
Tu le vaulx bien, car le cueur ioly as.
Bien y parut, quand tu me deslias.
Secouru m'as fort Lyonneusement,
Ors secouru seras Rateusement.
Lors le Lyon ses deux grands yeux vestit,
Et vers le Rat les tourna vng petit,
En luy disant, ô pauure vermyniere,
Tu n'as sur toy instrument, ne maniere,
Tu n'as cousteau, serpe, ne serpillon,
Qui sceust coupper corde, ne cordillon,
Pour me getter de ceste estroicte voye.
Va te cacher, que le Chat ne te voye.
Sire Lyon (dit le filz de Souris)
De ton propos (certes) ie me soubris:
I'ay des cousteaulx assez, ne te soucie,
De bel os blanc plus tranchant qu'une Cye:
Leur gaine c'est ma gencive, & ma bouche:

Bien coupperont la corde, qui te touche
De si trespres: car i'y mettray bon ordre.
  Lors sire Rat va commencer a mordre
Ce gros lien: vray est qu'il y songea
Assez long temps, mais il le vous rongea
Souvent & tant, qu'a la parfin tout rompt:
Et le Lyon de s'en aller fut prompt,
Disant en soy: nul plaisir (en effect)
Ne se perdt point, quelcque part ou soit faict.
Voyla le compte en termes rimassez:
Il est bien long: mais il est vieil assez,
Tesmoing Esope, & plus d'ung million.
  Or vient me veoir, pour faire le Lyon:
Et ie mettray peine, sens, & estude
D'estre le Rat, exempt d'ingratitude:
J'entends, si Dieu te donne autant d'affaire,
Qu'au grant Lyon: ce qu'il ne vueille faire.

Complaincte du Baron de Malleuille Parisien, qui auec Lautheur seruit iadis de Secretaire Marguerite de France Soeur unique du Roy, Et fut tué des Turcs a Baruth.

A la Terre.

O Terre basse, ou l'homme se conduict,
Responds (helas) a ma demande triste:
Ou est le corps, que tu auois produict,
Dont le depart me tourmente, et contriste?
L'auois tu faict tant bon, tant beau, tant miste,
Pour de son sang taindre les dars pointus
Des Turcz maulditz? Las il n'en ont point eu
De plus aymant vray honneur, que icelluy:
Qui mieulx ayma la mourir en vertus,
Qu'en deshonneur suiure plusieurs batus.
Tel vit encor, qui est plus mort que luy.

A la Mer

O cruaulte de impetueuses vagues,
Mer variable, ou toute craincte abonde,
Cause mouuant, dont trop cruelles dagues
L'ont faict perir de mort tant furibunde.
Si hault desir de congnoistre le Monde
T'auoit transmis si gentil personnaige,
Las failloit il, qu'en la fleur de son aage
Par deuers toy si rudement le prinses,
Sans plus reuoir la court des nobles Princes,
Ou tant il est a present regretté?
O Mer amere aulx mordantes espinces:
Certainement ce qu'arrestes, et pinces,

Au gré de tous est trop bien arresté.

A Nature

Helas Nature, ou est la bonne grace,
Dont tu le feis luyre par ses effectz:
Formé l'auois beau de corps, & de face,
Doulx en parler, et constant en ses faictz:
D'honnesteté estoit l'ung des parfaictz,
Car en fuiant les picquans espinettes
D'oisiueté, Flustes, et Espinettes
Bruyre faisoit en tresdoulce accordance:
Du Luz sonnoit motetz, et chansonnettes:
Dancer sçauoit auec et sans sonnettes.
Las or est il a sa derniere dance.

A la Mort.

Las or est il a sa derniere dance,
Ou toy la Mort luy as faict sans soulas
Faire faulx pas, et mortelle cadance
Soubz dur Rebec sonnant le grant helas.
Quant est du corps, vray est que meurdry l'as,
Mais de son bruit, ou iamais n'eut friuole,
Maulgre ton dard, par tout le Monde il volle,
Tousiours croissant, comme Lys qui fleuronne.
Touchant son Ame, immortelle couronne
Luy a donne celluy pour qui mourut:
Mais quelcque bien encor que Dieu luy donne,
Je suis contrainct par Amour, qui l'ordonne,
Le regretter, et mauldire Baruht.

A Fortune,

Fortune helas muable, et desreiglée,
Qui du palud de Malheur viens, et sors,
Bien as monstré que tu es aueuglée,
D'auoir getté sur luy tes rudes sortz:

Car si tes yeux de inimitie consors
Eusses ouuers, pour bien apperceuoir
Les grands vertus, qu'on luy a veu auoir,
Pitie t'eust meue a le retenir seur:
Mais tu ne veulx de toymesme rien veoir,
Pour aux humains faire mieulx assauoir,
Que plus te plaist cruaulte, que doulceur.

Marot conclud.

La Terre dit, qu'a bon droit peult reprendre
Ce qu'elle a fait, quoy qu'on ait desseruy.
La Mer respond, que sain le sceut bien rendre
En Terre ferme, ou soubdain fut rauy.
Nature dit, que Mort a laudiuy
Par dessus elle, & qu'en rien ne peult mais.
La Mort respond, que les plusgrans iamais
N'espargnera. Et Fortune linfame
Dit, qu'elle est née a faire tort, & blasme.
Laissons la donc en sa coustume vile:
Et supplions le filz de nostre Dame,
Qu'en fin es Cieulx il nous face veoir l'ame
Du feu Baron, dict Iehan de Malleuille.
Amen.

Complaincte d'une Niepce, sur la Mort de sa Tante.

O Que ie sens mon cueur plein de regret,
Quand souuenir ma pensee resueille
D'ung dueil caché au plus profond secret
Du mien esprit, qui pour se plaindre veille.
Seigneurs lisans, nen soyez en merueille,
Ains voz douleurs a la mienne vnissez:
Ou pour le moins ne vous esbahissez,

Si ma douleur est plus qu'aultre profonde:
Mais tous ensemble estonnez vous assez,
Comment ie n'ay en mon cueur amassez
Tous les regretz, qui furent onc au Monde.

Tous les regretz, qui furent onc au Monde,
Venez saisir la dolente Niepce,
Qui a perdu par fiere Mort immunde,
Tante, & attente, & entente, & lyesse.
Perdu (helas) gist son corps, Et qui est ce:
Sans Bonté, des meilleures de France:
De qui la vie esloignoit de souffrance
Mon triste cueur, & le logeoit aussi
Au parc de Joye, & au clos d'Esperance:
Mais, las, sa Mort bastit ma demourance
Aux boys de Dueil, a lombre de Soucy.

Au boys de Dueil, a lombre de Soucy
N'estoie au temps de sa vie prospere.
Mon soulas gist soubz ceste terre icy,
Et de le veoir plus au Monde n'espere.
O Mort mordant, o impropre impropere,
Pourquoy, helas, ton dard ne flechissoit,
Quand son vouloir au mien elle unissoit
Par vraye amour naturelle, & entiere:
Mon cueur ailleurs ne pense, ne pensoit,
Ne pensera. Doncques (quoy qu'il en soit)
Si ie me plaings, ce n'est pas sans matiere.

Si ie me plaings, ce n'est pas sans matiere,
Veu que trop fut horrible cest orage
De conuertir en terrrestre fumiere
Ce corps, qui seul a naure maint courage.
Helas, c'estoit celle tant bonne, & sage,
A qui iadis le Prince des haultz Cieulx
Voulut liurer le don tant precieux

D'honnestete, en cueur constant, & fort,
Mais dard mortel de ce fut envieux:
Dont plus ne vient plaisir devant mes yeux,
Tant ay d'ennuy, & tant de desconfort.

Tant ay dennuy, & tant desconfort,
Que plus n'en puis: donc en boys, ou montaigne
Nymphes laissez leau, qui de terre sort:
Maintenant fault, qu'en larmes on se baigne.
Pourquoy cela? pour de vostre Compaigne
Pleurer la mort. Mort l'est venu saisir:
Pleure Rouen, pleure ce desplaisir,
En douleur soit tant plaisante demeure:
Et qui aura de soy trister desir,
Vienne avec moy, qui n'ay aultre plaisir,
Fors seulement l'attente que ie meure.

Fors seulement l'attente que ie meure.
Rien ne me peult alleger ma douleur:
Car soubz cinq pointz incessamment demeure,
Qui m'ont contraincte aymer noire couleur:
Dueil tout premier me plonge en son malheur.
Ennuy sur moy employe son effort:
Soucy me tient sans espoir de confort:
Regret apres m'oste lyesse pleine:
Peine me suit, & tousiours me remord.
Par ainsi iay pour vne seulle mort,
Dueil, & ennuy, soucy, regret, & peine.

EPITAPHES.

De Jane Bonté.

Cy est le corps Jane Bonté bouté:
L'esprit au Ciel est par bonté monté.

De Longueil, homme docte.

O Viateur, cy dessoubz gist Longueil:
A quoy tient il, que ne meines long dueil,
Quand tu entends sa vie consommée?
N'as tu encor entendu Renommée
Par ses Climats, qui son renom insigne
Va publiant a voix, trompe, & buccine?
Si as pour vray: mais si grande est la gloire,
Qu'en as ouy, que tu ne le peulx croire.
Va lire donc (pour en estre asseuré)
Ses beaulx escriptz de stille mesuré:
Lors seulement ne croiras son hault pris,
Mais aprendras, tant sois tu bien apris.
Si te sera son bruit tout veritable,
Et la grandeur de ses faictz profitable.

De feu honneste personne, le petit Argentier Paulmier d'Orleans.

CY gist le corps d'ung petit Argentier,
Qui eut le cueur si bon, large, & entier,
Qu'en son vivant n'assembla bien aulcun,
Fors seulement l'amytie de chascun:
Laquelle gist avec luy (comme pense)
Et a laissé pour toute recompense
A ses amys le regret de sa mort.
Doncque, Passant, si pitie te remord,
Ou si ton cueur quelcque dueil en recoit,

Soubhaitte luy (a tout le moins) qu'il soit
Autant aymé de Dieu tout pur, & munde,
Comme il estoit du miserable Monde.

De Maistre Andre le Voust, Medecin du Duc d'Alencon.

CElluy qui prolongeoit la vie des humains,
A la sienne perdue, au dommaige de maintz.
Helas c'estoit le bõ feu maistre Andre le Voust
Jadis Alenconnoys, ores pasture, et goust
De terrestre vermine: et ores reuestu
De Cercueil, et de Tumbe, & iadis de Vertu.
Or est mort Medecin du bon Duc d'Alencon:
A Nature ainsi fault tous paier sa rencon.

De Noble Damoyselle Parisienne, Katherine Budé.

MOrt a rauy Katherine Budé.
Cy gist le corps: helas, qui l'eust cuidé?
Elle estoit ieune, en bon point, belle, & blãche.
Tout cela chet, comme fleurs de la branche,
N'y pensons plus. Voyre, mais du renom,
Que elle merite, en diray ie rien? non.
Car du Mary les larmes pour le moins
De sa bonté sont souffisans tesmoings.

De Coquillart: et de ses Armes a trois Coquilles d'or.

LA Morre est ieu pire que aux Quilles,
Ne que aux Eschetz, ne qu'au Quillart.
A ce meschant ieu Coquillart
Perdit sa vie, et ses Coquilles.

De frere Jehan Leuesque Cordelier natif d'Orleans.

Cy gist, repose, et dort leans
Le feu Euesque d'Orleans:
J'entends l'Euesque en son surnom,
Et frere Jehan en propre nom.
Qui mourut l'an cinq cens, & vingt,
De la verolle qui luy vint.
Or affin que Sainctes, & Anges
Ne prennent ces boutons estranges,
Prions Dieu, qu'au frere Frappart
Il donne quelcque Chambre a part.

De Jehan le Veau.

Cy gist le ieune Jehan le Veau,
Qui en sa grandeur, & puissance
Fust deuenu Boeuf, ou Taureau,
Mais la Mort le print des enfance.
Il mourut Veau par desplaisance:
Qui fut dommaige a plus de neuf,
Car on dit (veu sa corporance)
Que ce eust este vng maistre Boeuf.

De Guion le Roy, qui s'attendoit d'estre Pape auant que mourir.

Cy gist Guion, Pape iadis, & Roy:
Roy de surnom, Pape par fantasie,
Non marié, de peur (comme ie croy)
D'estre cocu, ou d'auoir ialousie.
Il prefera bon vin, et maluoysie,
Et chair sallée a sa propre santé.

Or est il mort sa face cramoysie:
Dieu te pardoint, pauure Pater sante.

De Jouan, le Fol de ma
Dame.

IE fuz Jouan, sans auoir femme,
Et Fol iusque a la haulte Game.
Tous Folz, et tous Jouans aussi
Venez pour moy prier icy,
L'ung apres lautre, et non ensemble:
Car le lieu seroit (ce me semble)
Ung petit bien estroict pour tous:
Et puis s'on ne parloit tout doulx,
Tant de gens me romproient mon somme.
Au surplus: quand quelcque saige homme
Viendra mon Epitaphe lire,
J'ordonne (s'il se prend a rire)
Qu'il soit des Folz maistre passé.
Fault il rire d'ung trespassé?

De frere Andre
Cordelier.

CY gist, qui assez mal preschoit,
Par ces femmes tant regretté,
Frere Andre qui les cheuauchoit,
Comme ung grand Asne desbaté.

De feu Maistre Pierre
de Villiers.

CY gist feu Pierre de Villiers,
Jadis fin entre deux milliers,
Et Secretaire de renom

De Francoys

Des Francoys premier de ce nom.
Si sagement viure souloit,
Que iamais estre ne vouloit
(Combien qu'il fust viel charie)
Prebstre, ne mort, ne marie,
De peur qu'il ne chantast l'office,
De peur qu'il n'entrast en seruice,
Et de peur d'estre ensepuely.
Et de faict, ie tiens tant de ly,
Ou au moins par tout le bruit a,
Que des troys, les deux euita:
Car iamais on ne le veit estre
Au Monde marie, ne prebstre:
Mais de mort, ma foy ie croy bien
Qu'il l'est, depuis ne scay combien.
Les deux il sceut bien eschapper,
Mais le tiers le sceut bien happer
Mil cinq cens vng et vingt quatre:
Non pas happer, mais si bien batre,
Qu'il dort encor icy dessoubz.
De ses pechez soit il absoulz.

De Jehan Serre, excellent Joueur de Farces.

CY dessoubz gist, & loge en serre
Ce tresgentil fallot Jehan serre,
Qui tout plaisir alloit suiuant,
Et grand ioueur en son viuant,
Non pas ioueur de Detz, ne Quilles,
Mais de belles Farces gentilles.
Auquel Jeu iamais ne perdit,
Mais y gaigna bruit, et credit,
Amour, et populaire estime,
Plus que d'escuz, comme i'estime,

Il fut en son ieu si a dextre,
Qu'a le veoir on se pensoit estre
Yurongne, quand il se y prenoit:
Ou Badin, s'il l'entreprenoit:
Et n'eust sceu faire en sa puissance
Le Sage, car a sa naissance
Nature ne luy feit la trongne
Que d'ung Badin, ou d'un Yurongne.
Toutesfois ie croy fermement,
Qu'il ne feist oncq si viuement
Le Badin, qui rit, ou se mord,
Comme il faict maintenant le mort.
Sa science n'estoit point vile,
Mais bonne: car en ceste Ville
Des tristes tristeur destournoit,
Et l'homme aise en aise tenoit.
Or brief quand il entroit en salle
Auec vne chemise salle,
Le Front, la Joue, & la Narine
Toute couuerte de Farine,
Et coiffé d'un Beguin d'enfant,
Et d'un hault Bonnet triumphant,
Garny de plumes de Chappons,
Auec tout cela, ie responds,
Qu'en voyant sa grace nyaise
On n'estoit pas moins gay, ny aise,
Qu'on est aux champs Elysiens.
O vous humains Parisiens,
De le pleurer pour recompense
Impossible est: car quand on pense
A ce, qu'il souloit faire et dire,
On ne se peult tenir de rire.
Que dis ie? on ne le pleure point?
Si faict on, & voicy le point:
On en rit si fort en maintz lieux,

Que les larmes viennent aux yeux:
Ainsi en riant on le pleure,
Et en plourant on rit a l'heure.
Or pleurez, riez vostre saoul,
Tout cela ne luy sert d'un soul:
Vous feriez beaucoup mieulx (en somme)
De prier Dieu pour le pauure homme.

BALLADES.

Des enfans sans soucy.

Qui sont ceulx la, qui ont si grant enuie
Dedans leur cueur, a triste marrisson,
Dont, ce pendant que nous sommes en vie,
De maistre Ennuy n'escoutons la lecon:
Ilz ont grand tort, veu qu'en bonne facon
Nous consommons nostre floriſſant aage.
Saulter, dancer, chanter a l'aduantage,
Faulx Enuieulx, esse chose qui bleſſe:
Nenny (pour vray) mais toute gentilleſſe,
Et gay vouloir, qui nous tient en ses las.
Ne blasmez point doncques nostre ieuneſſe,
Car noble cueur ne cherche que soulas.

Nous sommes druz, chagrin ne nous suit mye:
De froit soucy ne sentons le friſſon:
Mais de quoy sert vne teste endormie:
Autant qu'un Boeuf dormant pres du Buyſſon.
Languars picquans plus fort qu'un Heriſſon,
Et plus reclus qu'un viel Corbeau en cage,
Jamais d'aultruy ne tiennent bon langage,
Tousiours s'en vont songeans quelcque fineſſe:
Mais entre nous, nous viuons sans triſteſſe,
Sans mal penser, plus aises que Prelatz.
D'en dire mal c'est doncques grand simpleſſe,

Car noble cueur ne cherche que soulas.

Bon cueur, bon corps, bonne phizionomie,
Boire matin, fuyr noise, & tanson:
Dessus le soir, pour lamour de s'amye
Deuant son huys la petite chanson:
Trancher du braue, & du mauuais garson,
Aller de nuict, sans faire aulcun oultrage:
Se retirer, voila le tripotage:
Le lendemain recommancer la presse.
Conclusion, nous demandons liesse:
De la tenir iamais ne fusmes las,
Et maintenons, que cela est noblesse:
Car noble cueur ne cherche que soulas.

Prince d'Amours, a qui debuons hommage,
Certainement c'est vng fort grand dommage,
Que nous n'auons en ce monde largesse
Des grands tresors de Juno la Déesse
Pour Venus suyure, & que Dame Pallas
Nous vint apres resiouyr en vieillesse,
Car noble cueur ne cherche que soulas.

Le cry du ieu de Lempire d'Orleans.

Laissez a part voz vineuses Tauernes
Museaulx ardans, de rouge enluminez,
Renieunissez, saillez de voz Cauernes
Vieulx accropiz, par aage examinez:
Voicy les iours qui sont determinez
A blasonner, a desgorger & dire:
Voicy le temps, que Suppostz de Lempire
Doibuent par droit leurs coustumes tenir:
Si voulez donc passer le temps, & rire,

N'y envoyez, mais pensez de venir.

Harnoys, Chevaulx, Fiffres, Tabours, & Trompes,
Riches habitz, & grands brags avoir,
Ce ne sont pas de Lempire les pompes,
Leurs motz, leur ieu, cest cela qui fault veoir:
Qui vouldra donc des nouvelles scavoir,
Qui ne scaura des folies cent mille,
Qui ne scaura mainte abusion vile,
Sans trop picquer, l'en ferons souvenir:
Pourtant Seigneurs de ceste noble Ville,
N'y envoyez, mais pensez de venir.

N'ayez pas peur Dames gentes, mignonnes,
Qu'en noz papiers on vous vueille coucher,
Chascun scait bien qu'estes belles, & bonnes,
On ne scauroit a voz honneurs toucher:
Qui est morveulx, si se voise moucher.
Venez venez Sotz, Sages, Folz, & Folles,
Vous Musequins, qui tenez les escolles
De caqueter, faire, & entretenir,
Pour bien iuger, que c'est de noz parolles,
N'y envoyez, mais pensez de venir.

Prince le temps, & le terme s'approche,
Qu'Empiriens par dessus la Bazoche
Triumpheront, pour honneur maintenir:
Toutes & tous, si trop fort on ne cloche,
N'y envoyez, mais pensez de venir.

D'ung qu'on appelloit
Frere Lubin.

POur courir en poste a la Ville
Vingt fois, cent fois, ne scay combien,
Pour faire quelcque chose vile,

Frere Lubin le fera bien.
Mais d'auoir honneste entretien,
Ou mener vie salutaire,
C'est a faire a vng bon Chrestien.
Frere Lubin ne le peult faire.

Pour mettre (comme vng homme habile)
Le bien d'aultruy auec le sien,
Et vous laisser sans croix, ne pile,
Frere Lubin le fera bien.
On a beau dire, ie le tien,
Et le presser de satisfaire,
Iamais ne vous en rendra rien.
Frere Lubin ne le peult faire.

Pour desbaucher par vng doulx stile
Quelcque fille de bon maintien,
Point ne fault de Vieille subtile,
Frere Lubin le fera bien.
Il presche en Theologien,
Mais pour boire de belle eau claire,
Faictes la boire a vostre Chien,
Frere Lubin ne le peult faire.

Enuoy.

Pour faire plus tost mal, que bien,
Frere Lubin le fera bien :
Et si c'est quelcque bon affaire,
Frere Lubin ne le peult faire.

De soy mesme, du temps quil apprenoit a escrire au Palais a Paris.

MUsiciens a la voix argentine,
Doresnauant comme vng homme esperdu
Je chanteray plus hault qu'une bucine:
Helas si iay mon ioly temps perdu.
Puis que ie n'ay ce que i'ay pretendu,
Cest ma chanson, pour moy elle est bien deue:
Or ie voys voir, si la guerre est perdue,
Ou s'elle picque, ainsi qu'ung Herisson.
A dieu vous dy mon Maistre Jehan Grisson:
A dieu Palais, & la Porte Barbette,
Ou i'ay chanté mainte belle chanson
Pour le plaisir d'une ieune fillette,

Celle qui cest, en ieunesse est bien fine,
Ou i'ay este assez mal entendu.
Mais si pour elle encores ie chemine,
Parmy les piedz ie puisse estre pendu:
Cest trop chanté, siffle, & attendu
Deuant sa porte, en passant par la rue.
Et mieulx vauldroit tirer a la charrue,
Qu'auoir tel peine: ou seruir vng masson.
Brief, si iamais i'en tremble de frisson
Je suis content qu'on m'appelle Caillette.
Cest trop souffert de peine, & marrisson
Pour le plaisir d'une ieune fillette,

Je quitte tout, ie donne, ie resigne
Le don d'aymer, qui est si cher vendu.
Je ne dy pas que ie me determine
De vaincre Amour, cela m'est deffendu:
Car nul ne peult contre son Arc tendu.

Mais de souffrir chose si mal congrue,
Par mon serment ie ne suis plus si Grue.
On m'a aprins tout par cueur ma lecon:
Je crains le Guet, cest vng mauluais Garson:
Et puis de nuict trouuer vne charrette:
Vous vous cassez le nez comme vng glacon
Pour le plaisir d'une ieune fillette.

Prince d'amour regnant dessoubz la nue,
Liure la moy en vng lict toute nue,
Pour me paier de mes maulx la facon,
Ou la m'enuoye a l'ombre d'ung buisson,
Car s'elle estoit auecques moy seullete,
Tu ne veiz onc mieulx planter le cresson,
Pour le plaisir d'une ieune fillete.

A ma Dame la Duchesse d'Alencon:
laquelle il supplie d'estre couché en son estat.

PRincesse au cueur noble, & rassis,
La fortune que iay suiuie
Par force ma souuent assis
Au froit Giron de triste vie:
De m'y scoir encor me conuie,
Mais ie respondz (comme fasché)
D'estre assis ie nay plus d'enuie:
Il n'est que d'estre bien couché.

Je ne suis point des excessifz
Importuns, car iay la pepie:
Dont suis au vent comme vng Chassis,
Et debout ainsi qu'une Espie:
Mais s'une fois en la Copie
De vostre estat ie suis marché,

Je criray plus hault qu'ne Pie,
Il n'est que d'estre bien couché.

L'ung soustient contre cinq ou six,
Qu'estre accoudé, c'est musardie.
L'autre, qu'il n'est que d'estre assis
Pour bien tenir chere hardie.
Lautre dit que cest melodie
D'ung homme de bout bien fiché:
Mais quelcque chose que lon die,
Il n'est que d'estre bien couché.

Princesse de Vertu remplie,
Dire puis (comme i'ay touché)
Si promesse m'est accomplie,
Il n'est que d'estre bien couché.

D'ung Amant ferme en son amour, quelcque rigueur que sa Dame luy fasse.

PRes de toy, m'a faict arrester
Amour, qui tousiours me remord:
Mais d'en partir fault m'apprester
Sans y poursuyure ma mort.
Bel Acueil, qui m'a rys, me mord,
Et tourne ma ioye en destresse,
Pour auoir quys en trop hault port
Premiere, et derniere maistresse.

Ha mon cueur, que voy regretter,
Tu cherche trop heureux confort.
Foible suis pour te conquester
Vng Chasteau de si grant effort:
Si viuras tu loyal, et fort,

Et combien que rigueur t'oppresse,
Je veulx que la tiennes (au fort)
Premiere, & derniere maistresse.

Premiere, car d'aultre accointer
Ne me vint oncques en recors.
Et derniere, car la quitter
Jamais ie ne seray d'accors.
Premiere me serre, & entors:
Derniere peult m'oster de presse.
Brief, elle m'est (soit droit, ou tort)
Premiere, & derniere maistresse.

Envoy.

A Dieu donc cueur de noble apport,
Taché d'ingratitude expresse.
A Dieu du Servant sans support
Premiere, & derniere maistresse.

De la naissance de Monseigneur le Daulphin.

QUand Neptunus puissant Dieu de la Mer
Cessa d'armer Carraques, & Galées
Les Gallicans bien se deurent aymer,
Et reclamer ses grands undes sallées,
Car il voulut en ces basses vallées
Rendre la Mer de la Gaule haultaine
Calme, & paisible, ainsi qu'une fontaine:
Et pour oster Mathelotz de souffrance,
Faire nager en ceste eaue claire & saine
Le beau Daulphin tant desiré en France.

Nymphes des boys, pour son nom sublimer,
Et estimer, sur la Mer sont allées:
Si furent lors, comme on peult presumer,

Sans escumer les vagues ravallees:
Car les fortz Ventz eurent gorges hallées,
Et ne souffloient, si non a doulce alaine:
Dont Mariniers vogoient en la Mer plaine
Sans craindre en riens des oraiges l'oultrance,
Bien prevoyans la Paix, que leur ameine
Le Beau Daulphin tant desiré en France.

Monstres Marins veit on lors assommer,
Et consommer tempestes devallees,
Si que les Nefz sans crainte d'abismer
Nageoient en Mer a voilles avallées.
Les grans poissons faisoient saulx, & hullees:
Et les petis d'une voix fort sereine
Doulcettement avecques la Sereine
Chantoient au jour de sa noble naissance,
Bien soit venu en la Mer souveraine
Le beau Daulphin tant desiré en France.

Envoy.

Prince Marin fuiant oeuvre villaine,
Je te supply garde que la Balaine
Au Celerin plus ne fasse nuisance,
Affin qu'on ayme en ceste Mer mondaine
Le beau Daulphin tant desire en France

Du triumphe d'Ardres, & Guignes faict par les Roys de France, & d'Angleterre.

AU cãp des Roys les plus beaulx de ce Mõde
Sont arrivez trois riches Estendars:
Amour tient l'ung de couleur blãche & munde,
Triumphe l'autre avecques ses Souldars,
Vivement painct de couleur Celestine:
Beaulte apres en sa main noble & digne

Porte le tiers faincl de vermeille sorte.
Ainsi chascun richement se comporte,
Et en tel ordre, & pompe primeraine
Sont venuz veoir la Royalle cohorte
Amour, Triumphe, & Beaulte souueraine.

En ces beaulx lieux plus tost que vol d'Aronde
Vient celle Amour des Celestines pars,
Et en apporte vne viue, & claire vnde,
Dont elle estainct les fureurs du dieu Mars:
Auecques France, Angleterre enlumine,
Disant il fault qu'en ce Camp ie domine:
Puis a son vueil faict bon guet a la porte,
Pour empescher, que Discorde n'apporte
La Pomme d'or, dont vint guerre inhumaine:
Aussi affin que seulement en sorte
Amour, Triumphe, & Beaulte souueraine.

Pas ne conuient, que ma plume se fonde
A rediger du Triumphe les ars,
Car de si grands en haultesse profonde
N'en feirent onc les belliqueurs Cesars.
Que diray plus: richesse tant insigne
A tous humains bien demonstre & designe
Des deux partiz la puissance tresforte.
Brief, il n'est cueur qui ne se reconforte
En ce pays, plus qu'en Mer la Seraine,
De veoir regner (apres rancune morte)
Amour, Triumphe, & Beaulte souueraine.

Enuoy.

De la beaulte des hommes me deporte:
Et quant a celle aux Dames, ie rapporte
Qu'en ce monceau laide seroit Helaine.

Parquoy concludz, que ceste Terre porte
Amour, Triumphe, & Beaulte souueraine.

De larriuee de Monsieur d'Alencon en Haynault.

DEuers Haynault, sur les fins de Châpaigne,
Est arriué le bon Duc d'Alencon
Auec honneur, qui tousiours l'acompaigne
Comme le sien propre, & vray escusson.
La peult on veoir sur la grand plaine vnie
De bons souldards son Enseigne munie,
Prestz d'emploier leur bras fulminatoire
A repoulser dedans leur territoire
Lourdz Haynuiers, gent rustique, & brutale,
Voulant marcher sans raison peremptoire
Sur les Climatz de France Occidentale.

Prenez hault cueur doncques France, & Bretaigne:
Car si en Camp tenez fiere facon,
Fondre verrez deuant vous Alemaigne,
Comme au Soleil blanche neige, & glacon:
Fiffres, Tabours sonnez en armonie:
Aduenturiers, que la picque on manye
Pour les choquer, & mettre en accessoire,
Car desia sont au Royal possessoire:
Mais (comme croy) destinee fatale
Veult ruiner leur oultrageuse gloire
Sur les Climatz de France Occidentale.

Doncques Pietons marchans sur la campaigne
Fouldroiez tout, sans rien prendre a rancon:
Preux Cheualiers, puis que honneur on y gaigne,
Voz ennemys poulsez hors de l'arson.
Faictes rougir du sang de Germanie

Les clers ruisseaux, dont la Terre est garnie.
Si seront mis voz haultz noms en Histoire.
Frappez donc tant de main gladiatoire,
Qu'apres leur mort, & deffaicte totale
Vous rapportez la Palme de victoire
Sur les Climatz de France Occidentale.

Envoy

Princes remplis de hault loz meritoire
Faisons les tous, si vous me voulez croire,
Aller humer leur Cervoise, et Godale,
Car de noz Vins ont grand desir de boire
Sur les Climatz de France Occidentale.

De Paix, & de Victoire.

Quel hault souhait, quel bien heuré desir
Feray ie, las, pour mon dueil qui empire?
Souhaiteray ie avoir Dame a plaisir?
Desireray ie ung Regne, ou ung Empire?
Nenny (pour vray) car celluy qui n'aspire
Qu'a son seul bien, trop se peult desvoyer:
Pour chascun donc a soulas convoyer,
Souhaiter veulx chose plus meritoire:
C'est que Dieu vueille en brief nous envoyer
Heureuse Paix, ou triumphant Victoire.

Famine vient Labeur aux champs saisir:
Le bras au Chief soubdaine Mort souspire:
Soubz Terre voy Gentilz hommes gesir,
Dont mainte Dame en regretant souspire:
Clameurs en faict ma Bouche, qui respire:
Mon triste Cueur l'Oeil en faict larmoyer:
Mon floible Sens ne peult plus rimoyer,
Fors en dolente, et pitoyable Histoire:
Mais Bon Espoir me promect pour loyer

Heureuse Paix, ou triumphant Victoire.

Ma plume lors aura cause, & loysir
Pour du loyer quelcque beau Lay escrire:
Bon Temps adonc viendra France choisir,
Labeur alors changera pleurs en rire.
O que ces motz sont faciles a dire,
Ne scay si Dieu les vouldra employer:
Cueurs endurciz (las) il vous fault ployer.
Amende toy ô Regne transitoire,
Car tes pechez pourroient bien fouruoyer
Heureuse Paix, ou triumphant Victoire.

Envoy.

Prince Francoys, fais Discorde noyer:
Prince Espaignol cesse de guerroyer:
Prince aux Angloys, garde ton territoire,
Prince du Ciel, vueille a France octroyer:
Heureuse Paix, ou triumphant Victoire.

Du Jour de Noel.

OR est Noel venu son petit trac,
Sus donc aux champs, Bergieres de respec:
Prenons chascun Panetiere, et Bissac,
Fluste, Flageol, Cornemeuse, et Rebec:
Ores n'est pas temps de clorre le bec,
Chantons, saultons, et dansons ric a ric:
Puis allons veoir Lenfant au pauure nic,
Tant exalte d'Helye, aussi d'Enoc,
Et ador' de maint grant Roy, & Duc:
S'on nous dit nac, il fauldra dire noc:
Chantons Noel tant au soir, qu'au desjucq.

Colin, Georget, et toy Margot du Clac

Escoute vng peu, et ne dors plus illec:
Na pas long temps sommeillant pres d'ung Lac
Me fut aduis, qu'en ce grand chemin sec
Vng ieune Enfant se combatoit auec
Vng grand Serpent, et dangereux Aspic:
Mais l'Enfanteau en moins de dire pic,
D'une grant Croix luy donna si grant choc,
Qu'il l'abbatit, et luy cassa le sucq.
Garde n'auoit de dire en ce defroc
Chantons Noel tant au soir, qu'au desiucq.

Quand ie louy frapper et tic et tac,
Et luy donner si merueilleux eschec,
L'Ange me dist, d'ung ioyeulx estomach,
Chante Noel en Francoys, ou en Grec,
Et de chagrin ne donne plus vng zec,
Car le Serpent a este prins au bric:
Lors m'esueillay, et comme fantastic
Tous mes trouppeaulx ie laissay pres vng Roc.
Si m'en allay plus fier qu'vn Archeduc
En Bethleem. Robin, Gaultier, et Roch,
Chantons Noel tant au soir, qu'au desiucq.

Prince deuot, souuerain Catholiq,
Sa maison n'est de pierre, ne de Bric.
Car tous les Ventz y soufflent a grant floc:
Et qu'ainsi soit, demandez a Sainct Luc.
Sus dont auant pendons soucy au croc,
Chantons Noel tant au soir, qu'au desiucq.

De Caresme.

CEssez Acteurs d'escrire en eloquence
D'armes, d'amours, de fables, et sornettes,
Venez dicter soubz piteuse loquence

Liures

Liures plainctifz de tristes chansonnettes:
N'escripuez d'or, mais de couleurs brunettes,
A celle fin que tout dueil y abonde.
Car Jesuchrist l'Aigneau tout pur, & munde
Pour nous tirer des Enfers detestables
Endura mort horrible, et furibunde
En ces saincts iours piteux, et lamentables.

Romps tes Flageolz Dieu Pan par violence,
Et va gemir en champestres Logettes:
Laissez les Boys vous Nymphes d'excellence,
Et vous rendez en Cauernes subiectes:
Ne chantez plus, refrenez voz gorgettes
Vous Oysellets: trouble toy la claire Vnde:
Ciel noyrci toy: et d'angoisse profonde
Bestes des champs par cris espouuentables
Faictes trembler toute la Terre ronde
En ces sainctz iours piteux, et lamentables.

Riches habitz de noble preference
Vueillez changer Dames, & Pucellettes
Aux ornemens de dolente apparence,
Et resserrez voz blanches mammellettes:
En temps d'Este flourissent violettes,
Et en Yuer seichent par tout le Monde:
Donc puis qu'en vous ioye, et soulas redonde
Durant les iours a rire conuenables,
Pleurez aumoins, autant noire, que blonde
En ces sainctz iours piteux, & lamentables.

Enuoy.

Prince Chrestien, sans que nul te confonde,
Presche chascun qu'a ieusner il se fonde
Non seulement de mectz biens delectables,
Mais de peche, et vice trop immunde
En ces sainctz iours piteux, et lamentables.

De la Passion nostre Seigneur Jesuchrist.

LE Pellican de la forest Celique
Entre ses faictz tant beaulx, & nouvelletz
Apres les Cieulx, et l'Ordre Archangelique,
Voulut créer ses petis Oyselletz.
Puis s'en volla, les laissa tous seuletz,
Et leur donna, pour mieulx sur la Terre estre,
La grand forest de Paradis Terrestre,
D'arbres de vie amplement revestue
Plantez par luy, qu'on peult dire en tout estre
Le Pellican, qui pour les siens se tue.

Mais ce pendant qu'en ramage musique
Chantent au boys comme Rossignoletz,
Vng Oyselleur cauteleux, et inique
Les a deceuz a Glus, Rhetz, et Filletz:
Dont sont banniz des Jardins verdeletz,
Car des haultz fruictz trop voulurent repaistre.
Parquoy en lieu sentant pouldre, et Salpestre
Par plusieurs ans mainte souffrance ont eue,
En attendant hors du beau lieu Champestre
Le Pellican, qui pour les siens se tue.

Pour eulx mourut cest Oysel deificque,
Car du hault boys plein de sainctz Angeletz
Volla ca bas par Charite pudique,
Ou il trouva Corbeaux tresordz, & laidz:
Qui de son sang ont faictz maintz ruisseletz,
Le tourmentant a dextre, et a senestre,
Si que sa Mort, comme lon peult congnoistre,
A ses Petis a la vie rendue.
Ainsi leur feit sa bonte apparoistre
Le Pellican, qui pour les siens se tue.

Enuoy.

Les Corbeaulx sont ces Juifz exillez,
Qui ont a tort les membres mutillez
Du Pellican: c'est du seul Dieu et maistre.
Les Oyseletz, sont humains, qu'il feit naistre.
Et Loyseleur, la Serpente tortue,
Qui les deceut, leur faisant mescongnoistre
Le Pellican, qui pour les siens se tue.

Contre celle qui fut
S'amye,

Vng iour rescripuis a m'Amye
Son inconstance seulement,
Mais elle ne fut endormie
A me le rendre chauldement:
Car des l'heure tint parlement,
A ie ne scay quel Papelard,
Et luy a dict tout bellement,
Prenez le, il a mangé le Lard.

Lors six Pendars ne faillent mye
A me surprendre finement,
Et de iour, pour plus d'infamie,
Feirent mon emprisonnement.
Ilz vindrent a mon logement:
Lors se va dire vng gros Paillart,
Par la Morbieu voila Clement,
Prenez le, il a mangé le Lart.

Or est ma cruelle Ennemye
Vangée bien amerement,
Reuange n'en veulx, ne demye:
Mais quand ie pence voirement,
Ell'a de lengin largement,

D'inuenter la science, & l'art
De crier sur moy haultement,
Prenez le, il a mangé le Lart.

Enuoy.

Prince qui n'eust dit plainement
La trop grand chaleur, dont elle art,
Jamais n'eust dit aucunement,
Prenez le, il a mangé le Lart.

CHANT ROYAL DE LA Conception nostre Dame, que Maistre Guillaume Cretin voulut auoir de l'Autheur : lequel luy enuoya auecques ce Huictain.

A Monsieur Cretin, souuerain
Poëte Francoys
Salut.

L'Homme sotart, & non sçauant,
Comme vng Rotisseur qui laue Oye,
La faulte d'aulcun nonce auant,
Qu'il la congnoisse, ou la voye:
Mais vous de hault sçauoir la voye
Sçaurez par trop mieulx me excuser
D'ung gros erreur, si faict l'auoye,
Qu'ung amoureux de Muscq vser.

Chant Royal de la Conception.

LOrs que le Roy par hault desir, & cure
Delibera d'aller vaincre Ennemys,
Et retirer de leur prison obscure
Ceulx de son Ost a grands tourmens submis,
Il enuoya ses Fourriers en Judee
Prendre logis sur place bien fondee:
Puis commenda tendre en forme facile
Vng Pauillon pour exquis Domicile,
Dedans lequel dresser il proposa
Son Lict de camp nommé en plein Concile
La digne Couche, ou le Roy reposa.

Au Pauillon fut la riche paincture,

Monstrant par qui noz pechez sont remis:
Cestoit la nue, ayant en sa closture
Le Jardin clos, a tous humains promis,
La grand Cite des haulx Cieulx regardée,
Le Lys Royal, l'Oliue collaudée,
Auec la Tour de Dauid immobile.
Parquoy l'Ouurier sur tous le plus habile
En lieu si noble assist, & apposa
(Mettant en fin le dict de la Sybille)
La digne Couche, ou le Roy reposa.

D'antique ouurage a composé Nature
Le boys du Lict, ou n'a vng poinct obmis:
Mais au Coissin plume tresblanche, & pure
D'ung blanc Coulomb le grand Ouurier a mis:
Puis Charite tant quise, & demandée
Le Lict prepare auec Paix accordée:
Linge trespur Dame Innocence fille:
Diuinite les trois Rideaulx enfile,
Puis a lentour les tendit, & posa,
Pour preseruer du vent froit, & mobile
La digne Couche, ou le Roy reposa.

Aulcuns ont dit noire la Couuerture:
Ce qui nest pas, car du Ciel fut transmis
Son lustre blanc, sans aultre art de taincture:
Vng grand Pasteur l'auoit ainsi permis:
Lequel iadis par grace concordée
De ses Aigneaulx la toison bien gardée
Transmist au cloz de Nature subtile,
Qui vne en feit la plus blanche, & vtile,
Qu'oncques sa main tissut, ou composa:
Dont elle orna (oultre son commun stile)
La digne Couche, ou le Roy reposa.

Pas n'eut vng Ciel faict a frange, & figure

De fins Damas, Sargettes, ou Samis,
Car le hault Ciel, que tout Rond on figure,
Pour telle Couche illustrer fut commis.
D'ung tour estoit si precieux bordée,
Qu'oncques ne fut de Vermine abordée.
N'est ce donc pas d'humanité fertile
Oeuvre bien faict: Veu que l'Aspic hostille,
Pour y dormir, approcher n'en osa:
Certes si est, & n'est a luy servile
La digne Couche, ou le Roy reposa.

Envoy.

Prince ie prends en mon sens puerile
Le Pavillon, pour saincte Anne sterile:
Le Roy, pour Dieu, qui aux Cieulx repos a:
Et Marie est (Vray comme Levangile)
La digne Couche, ou le Roy reposa.

Rondeau responsif a vng aultre, qui se commenceoit, Maistre Clement mon bon Amy.

En vng Rondeau sur le commencement
Vng vocatif, comme maistre Clement,
Ne peult faillir rentrer par Huys, ou Porte:
Aux plus scauans Poëtes m'en rapporte,
Qui d'en vser se gardent sagement.

Bien inuenter vous fault premierement,
L'inuention deschiffrer proprement,
Si que Raison, & Ryme ne soit morte
En vng Rondeau.
Vsez de motz receuz communement,
Rien superflu ny soit aulcunement,
Et de la fin quelque bon propos sorte,
Clouez tout court, rentrez de bonne sorte,
Maistre passé serez certainement
En vng Rondeau.

A vng Creancier.

Vng bien petit de pres me venez prendre,
Pour vous payer: & si debuez entendre,
Que ie n'euz onc Angloys de vostre taille:
Car a tous coups vous criez baille, baille,
Et n'ay dequoy contre vous me deffendre.

Sur moy ne fault telle rigueur estendre,
Car de pecune vng peu ma bourse est tendre,
Et toutesfois i'en ay, vaille que vaille,
Vng bien petit.

Mais a vous veoir (ou lon me puisse pendre)
Il semble aduis qu'on ne vous vueille rendre,
Ce qu'on vous doibt: beau Sire ne vous chaille.
Quand ie seray plus garny de cliquaille,
Vous en aurez: mais il vous fault attendre
Vng bien petit.

Du Disciple soustenant son Maistre contre les Detracteurs.

DV premier coup, entendez ma responce
Folz Detracteurs, mon Maistre vous annõce
Par moy, q̃ suis l'un de ses Clercs nouueaulx,
Que pour rimer ne vous craint deux Naueaulx,
Et eussiez vous de sens encor vne once.

Si l'espargnez, tous deux ie vous renonce:
Picquez le donc mieulx que d'Espine, ou Ronce,
Luy enuoyant des meilleurs, & plus beaulx
Du premier coup.
Et tenez bon, ensuyuant ma semonce,
Car si vng coup ses deux Sourcilz il fronce,
Et eussiez vous de Rimes, & Rondeaulx
Plein trois Barrilz, voire quatre Tonneaulx,
Je veulx mourir, s'il ne les vous deffonce
Du premier coup.

De celluy, qui incite vne ieune Dame a faire Amy.

A Mon plaisir vous faictes feu, et basme,
Parquoy souuent ie m'estonne ma Dame,
Que vous n'auez quelque Amy par amours:
Au Diable l'ung, qui fera ses clamours
Pour vous prier, quand serez vieille lame.

Or en effect, ie vous iure mon ame,
Que si i'estois ieune, & gaillarde femme,
J'en auroys vn deuant qu'il fust trois iours
A mon plaisir.
Et pourquoy non? ce seroit grand diffame,
Si vous perdiez ieunesse, bruyt, & fame
Sans esbranler Drap, Satin, & Velours.
Pardonnez moy, si mes motz sont trop lourds,
Je ne vous veulx qu'aprendre vostre game
A mon plaisir.

De Lamoureux ardant.

Au feu, qui mon cueur a choisy,
Jectez y ma seule Déesse
De leau de grace, & de lyesse,
Car il est consommé quasi.

Amours la de si pres saisy,
Que force est, qu'il crie sans cesse
Au feu.
Si par vous en est dessaisy,
Amours luy doint plus grand destresse,
Si iamais sert aultre maistresse:
Doncques ma Dame courez y
Au feu.

A vne mesdisante.

On le ma dit, Dague a rouelle,
Que de moy en mal vous parlez:
Le vin que si bien avallez

Vous le mect il en sa ceruelle:

Vous estes rapporte nouuelle,
D'aultre chose ne vous meslez,
On le ma dit.
Mais si plus vous aduient, Meselle,
Voz Reins en seront bien gallez:
Allez de par le Diable, allez,
Vous n'estes qu'une Maquerelle,
On le ma dit.

A vng Poëte ignorant.

QV'on meine aux champs ce Coquardeau,
Lequel gaste (quand il compose)
Raison, Mesure, Texte, & Glose,
Soit en Ballade, ou en Rondeau.

Il n'a ceruelle, ne cerueau:
Cest pourquoy, si hault crier l'ose,
Qu'on meine aux champs ce Coquardeau.

S'il veult rien faire de nouueau,
Qu'il oeuure hardiment en Prose
(J'entends s'il en scait quelcque chose)
Car en Rime ce nest qu'ung veau,
Qu'on meine au champs.

De la ieune Dame, qui a vieil Mary.

EN languissant, & en griefue tristesse
Vit mon las cueur, iadis plein de liesse,
Puis que lon ma donné Mary vieillard.

Helas pourquoy? riens ne scait du vieil art
Qu'aprend Venus lamoureuse Déesse.

Par vng desir de monstrer ma prouesse
Souuent l'assaulx: mais il demande, ou est ce?
Ou dort (peult estre) a mon cueur veille a part
En languissant.

Puis quand ie veulx luy iouer de finesse,
Honte me dict, cesse ma Fille, cesse,
Garde t'en bien, a honneur prends esgard:
Lors ie responds, Honte, allez a lescart,
Je ne veulx pas perdre ainsi ma ieunesse
En languissant.

Du mal content d'Amours.

D'Estre amoureux n'ay plus intention,
C'est maintenant ma moindre affection,
Car celle la, de qui ie cuydoye estre
Le bien aymé, ma bien faict apparoistre,
Qu'au faict d'amour n'y a que fiction.

Je la pensoys sans imperfection,
Mais d'aultre Amy a prins possession:
Et pource plus ne me veulx entremettre
D'estre amoureux.

Au temps present par toute nation
Les Dames sont comme vng petit Syon,
Qui tousiours ploye a dextre, a a senestre.
Brief, les plus fins ne si scauent congnoistre:
Parquoy concluds, que c'est abusion
D'estre amoureux.

De labsent de s'Amye.

TOut au rebours (dont conuient que languisse)
Vient mon vouloir: car de bon cueur vous veisse,
Et ie ne puis par deuers vous aller.
Chante, qui veult: balle, qui veult baller,
Ce seul plaisir seulement ie vouldrisse:

Et s'on me dit, qu'il fault que ie choisisse
De par deca Dame, qui m'esiouisse,
Je ne scaurois me tenir de parler
Tout au rebours.
Si respons franc, i'ay Dame sans nul vice,
Aultre n'aura en Amours mon seruice:
Je la desire, & souhaitte voller,
Pour l'aller veoir, & pour nous consoller:
Mais mes souhaitz vont, comme l'Escreuice,
Tout au rebours.

De l'Amant doloreux.

AVant mes iours mort me fault encourir
Par vng regard, dont m'as voulu ferir,
Et ne te chault de ma griefue tristesse:
Mais n'est ce pas a toy grande rudesse,
Veu que tu peulx si bien me secourir?

Aupres de l'eau me fault de soif perir,
Je me voy ieune, & en aage fleurir,
Et si me monstre estre plein de vieillesse
Auant mes iours.
Or si ie meurs, ie veulx Dieu requerir,
Prendre mon Ame: & sans plus enquerir,
Je donne aux vers mon Corps plein de foiblesse.
Quant est du Cueur, du tout ie le te laisse,
Ce nonobstant que me fasses mourir
Auant mes iours.

A monsieur de Pothon, pour le prier de parler au Roy.

La ou scauez, sans vous ne puis venir,
Vous estes cil, qui pouez subuenir
Facilement a mon cas, et affaire,
Et des heureux de ce Monde me faire,
Sans qu'aulcun mal vous en puisse aduenir.

Quand ie regarde, et pense a l'aduenir,
J'ay bon vouloir de sage deuenir:
Mais sans support ie ne me puis retraire,
La ou scauez.
Male Fortune a voulu maintenir,
Et a iuré de tousiours me tenir:
Mais (Monseigneur) pour l'occire, & deffaire,
Enuers le Roy vueillez mon cas parfaire,
Si que par vous ie puisse paruenir,
La ou scauez.

De la mort de Monsieur de Chissay.

D'Vng coup d'estoc Chissay noble homme, & fort
L'an dix et sept soubz malheureux effort
Tomba occis au Moys qu'on seme Orge
Par Pomperan: qui de Boucal, et Lorge
Fut fort blessé, quoy qu'il resistat fort.

Chissay beau, ieune, en credit, & support
Feit son debuoir au combat, & abord,
Mais par hazart fut frappé en la Gorge
D'un coup d'estoc.
Dont vng chascun de dueil ses leures mord,
Disant helas l'honneste homme est il mort:

Pleust or a Dieu, & Monseigneur Sainct George,
Que tout baston eust esté en la Forge
Alors, qu'il fut ainsi nauré a mort
D'ung coup d'estoc.

A vng Poëte Francoys.

Mieulx resonnant, qu'a bien louer facile,
Est ton renom volant du domicile
Palladial vers la Terrestre gent:
Puis vers les Cieulx, dont as le tiltre gent
D'Aigle moderne, a suyure difficile.

Je dy moderne, antique en facon mille:
Ce qui pres toy me rend bas, & humile,
D'autant que Plomb est plus sourd que l'Argent
Mieulx resonnant.
Ainsi ma plume, en qui bourbe distille,
Veult esclarcir londe claire, et vtile,
Dont le grauier est assez refulgent
Pour troubler l'Oeil de l'esprit indigent,
Qui en tel cas a besoing d'aultre stile
Mieulx resonnant.

Au seigneur Theocrenus, lisant a ses Disciples.

Plus proffitable est de t'escouter lire,
Que d'Apollo ouyr toucher la Lyre,
Ou ne se prend plaisir que pour l'Oreille:
Mais en ta Langue ornée, & nompareille
Chascun y peult plaisir, et fruict eslire.

Ainsi dautant qu'un Dieu doibt faire, & dire
Mieulx qu'un Mortel, chose ou n'ayt que redire,

Daultant il fault estimer ta merueille
Plus proffitable.
Brief, si dormir plus que veiller peult nuyre,
Tu doibs en loz par sus Mercure bruyre,
Car il endort l'Oeil de celluy, qui veille,
Et ton parler les endormis esueille,
Pour quelcque iour a repos les conduyre
Plus proffitable.

A Estienne du Temple.

TAnt est subtil, et de grande efficace
Le tien esprit, qu'il n'est homme qui face
Chose qui plus honneur, et loz conserue:
Et ce qu'as faict, Roy, Seigneur, Serf, ne Serue
Ne le feit onc: ie metz Raison en face.

Qui veult descendre en la vallee basse,
Monté doibt estre auant en haulte place:
Mais ton esprit tout le contraire obserue,
Tant est subtil.

Descendu es des Temples, quant a race:
Et puis monte au Temple, quant a grace,
Je dy au Temple excellent de Minerue.
Brief, ton descendre est d'antique reserue,
Et ton monter le Ciel cristallin passe,
Tant est subtil.

Estienne Clauier a Clement
Marot.

POur bien louer vne chose tant digne,
Comme ton sens, il fault scauoir condigne,
Mais moy pauuret d'esprit, & de scauoir
Ne puis attaindre a si hault conceuoir:

Dont

Dont de despit souuent me pais, et disne.

Car ie congnois, que le fons, & racine
De tes escriptz ont prins leur origine
Si tresprofond, que ie ny puis rien veoir,
Pour bien louer.

Donc Orateurs chascun de vous consigne
Termes dorez puisez en la Piscine
Palladiane: et faictes le debuoir
Du filz Marot en telle estime auoir,
Qu'il na second en Poësie insigne,
Pour bien louer.

Responce dudict Marot, au dict Clauier.

POur bien louer, & pour estre loué
De tous espritz tu dis estre alloué,
Fors que du mien, car tu me plus que loues:
Mais en louant plus haultz termes alloues,
Que la sainct Jehan, ou Pasques, ou Noué.

Qui noue mieulx, responds, ou C, ou E:
Iay iusque icy en eaue basse noué,
Mais dedans leaue Caballine tu noues,
Pour bien louer.

C. c'est Clement contre chagrin cloué.
E, est Estienne, esueillé, enioué:
Cest toy, qui maintz de loz tresample doues,
Mais endroit moy tu fais Lignes les Oues,
Quoy que de loz doiues estre doué,
Pour bien louer.

A ma Dame Jehanne Gaillarde de Lyon, Femme de bon sçavoir.

D'Avoir le pris en science, & doctrine
Bien merita de Pisan la Cristine
Durant ses iours: mais ta Plume dorée
D'elle seroit a present adorée,
S'elle vivoit par volunte divine.

Car tout ainsi que le Feu l'or affine,
Le Temps a faict nostre langue plus fine,
De qui tu as l'eloquence asseurée
D'avoir le pris.
Doncques ma Main rends toy humble, & benigne
En donnant lieu a la Main feminine:
N'escriptz plus rien en Ryme mesurée,
Fors que tu es une Main bien heurée,
D'avoir touché celle qui est tant digne
D'avoir le pris.

Responce au precedent Rondeau par la dicte Jehanne Gaillarde.

DE m'acquiter ie me trouve surprise
D'ung foible esprit, car a toy n'ay sçavoir
Correspondant: tu le peulx bien sçavoir,
Veu qu'en cest art plus qu'aultre lon te prise.

Si fusse autant eloquente, et apprise,
Comme tu dys, ie feroys mon debvoir
De m'acquiter.
Si veulx prier la grace en toy comprise,
Et les vertus, qui tant te font valoir,
De prendre en gré l'affectueux vouloir,
Dont ignorance a rompu l'entreprinse
De m'acquiter.

A celluy dont les lettres Capitales du Rondeau portent le nom.

VEu ton esprit, qui les aultres surpasse,
Je mesbahis comment te prens audace
Composer vers. Est ce pour te valoir,
Touchant cest art: cest plus tost Bon vouloir,
Du franc Desir, qui mon cueur induict a ce.

Rien n'est mon faict: le tien est don de grace.
Brief, ta facon en peu de Ryme embrasse
Raison fort grande, et sans grand peine auoir,
Veu ton esprit.
Or desormais, ie vueil suyure la trasse
De ton hault sens, duquel la veine passe
Entre les Rocz du profond concepuoir.
A tant me tais, mais si en tel scauoir
Veulx t'adonner, tu seras loutrepasse,
Veu ton esprit.

A la louange de ma Dame la Duchesse d'Alencon, Soeur unique du Roy.

SAns riens blasmer, ie sers vne maistresse,
Qui toute femme ayant noble haultesse
Passe en Vertus, et qui porte le nom,
D'une fleur belle, et en Royal surnom
Demonstre bien son antique noblesse.

En Chastete elle excede Lucresse:
De vif Esprit, de Constance, & Sagesse
S'en est l'Enseigne, & le droit Gouffanon,
Sans riens blasmer.
On pourroit dire, il l'estime sans cesse,
Pource que cest sa Dame, et sa Princesse,

Mais on sçait bien, si ie dy vray, ou non.
Brief, il ne fut en louable renom
Depuis mille ans une telle Duchesse,
Sans rien blasmer.

A ses Amys, ausquelz on rapporta qu'il estoit prisonnier.

IL n'en est rien, de ce qu'on vous reuelle,
Ceulx qui l'ont dit, ont faulte de ceruelle,
Car en mon cas il n'y a mesprison,
Et par dedans ne vy iamais prison:
Doncques Amys l'ennuy qu'auez, ostez le.

Et vous Causeurs pleins d'enuie immortelle,
Qui vouldriez bien que la chose fust telle,
Creuez de dueil, de despit, ou poison:
Il n'en est rien.
Je rys, ie chante en ioye solennelle,
Je sers ma Dame, & me consolle en elle,
Je rime en Prose (& peult estre en raison)
Je sors dehors, ie rentre en la maison:
Ne croyez pas doncques l'aultre nouuelle,
Il n'en est rien.

D'ung qui se plainct de Mort, & d'Enuie.

DEpuis quatre ans faulx Rapport vitieux,
Et de la Mort le dard pernicieux
Ont faict sur moy tomber maint grand orage:
Mais l'ung des deux m'a nauré en courage
Trop plus que l'autre, & en bien plus de lieux.
Touchant Rapport, en despit de ses ieux
Je vy tousiours riche, sain, & ioyeux,
Combien qu'a tort il m'ayt faict grand dommage
Depuis quatre ans.

Mais quand de Mort le remors furieux
S'en vient par fois passer devant mes yeux,
Lors suis contrainct de blasmer son oultrage:
Car luy tout seul m'a plus donné de rage,
Que n'a Envie, & tous ses Envieulx,
Depuis quatre ans.

D'ung se complaignant de Fortune.

FAulse Fortune, ô que ie te vy belle:
Las qu'a present tu m'es rude, & rebelle.
O que iadis feiz bien a mon desir,
Et maintenant me fais le desplaisir,
Que ie craignoys plus que chose mortelle.

Enfans nourriz de sa gauche mammelle,
Composons luy (ie vous prie) vng Libelle,
Qui picque dru, & qui morde a loisir
Faulse fortune.
Par sa rigueur (helas) elle m'expelle
Du bien, que i'ay: disant, puis qu'il vient d'elle,
Qu'elle peult bien du tout m'en dessaisir.
Mais en fin Mort mort me fera gesir,
Pour me venger de sa Soeur la cruelle,
Faulse Fortune.

De compter sa Fortune.

DE Fortune trop aspre, & dure
Peult trop souffrir vng pauure corps,
Si par parolle ne mect hors
La cause, pourquoy il endure.

Mais soubz constante couuerture
On peult bien declairer les sors
De Fortune.

D'en dessirer Robe, & Ceincture,
Crier, & faire telz efforts,
Tout cela ne sert de riens, fors
A plus indigner la nature
De Fortune.

Du confict en douleur.

Si i'ay du mal, maulgre moy ie le porte,
Et s'ainsi est, qu'aulcun me reconforte,
Son reconfort ma douleur point n'appaise:
Voyla comment ie languis en mal aise
Sans nul espoir de liesse plus forte.

Et fault qu'ennuy iamais de moy ne sorte,
Car mon estat fut faict de telle sorte,
Des que fuz né. Pourtant ne uous desplaise,
Si i'ay du mal.

Quand ie mourray, ma douleur sera morte,
Mais ce pendant mon pauure cueur supporte
Mes tristes iours en Fortune mauluaise:
Dont force m'est que mon ennuy me plaise,
Et ne fault plus que ie me desconforte,
Si i'ay du mal.

Rondeau par contradictions.

En esperant, espoir me desespere,
Tant que la mort m'est Vie tresprospere,
Me tourmentant de ce, qui me contente,
Pour la douleur du soulas que i'espere:
Amour hayneuse en aigreur me tempere.

Puis Temperance aspre comme Vipere

Me refroidist soubz chaleur vehemente,
En esperant.
L'enfant aussi, qui surmonte le Pere,
Bande ses yeulx, pour veoir mon impropere:
De moy s'enfuyt, & iamais ne s'absente,
Mais sans bouger va en obscure sente
Cacher mon dueil, affin que mieulx appere,
En esperant.

Aux Amys, & Soeurs de feu Claude Perreal, Lyonnoys.

En grand regret, si pitie vous remord,
Pleurez l'Amy Perreal, qui est mort,
Vous ses Amys: chascun prenne sa plume:
La mienne est preste, & bon desir l'alume
A deplorer (de sa part) telle mort.

Et vous ses Soeurs, dont maint Tableau sort,
Paindre vous fault, pleurantes son grief sort
Pres de la Tombe, en laquelle on l'inhume
En grand regret.

Regret me blesse, & si scay bien au fort,
Qu'il fault mourir, & que le desconfort
(Soit court, ou long) ny sert que d'amertume:
Mais vraye amour, est de telle coustume,
Qu'elle contrainct les Amys plaindre fort
En grand regret.

Du Vendredy sainct.

Dueil, ou plaisir me fault avoir sans cesse:
Dueil, quand ie voy (ce iour plein de rudesse)
Mon Redempteur pour moy en la croix pendre:

Du tout plaisir, quand pour son sang espendre
Je me voy hors de l'infernale presse.

Je riray donc: non, ie prendray tristesse.
Tristesse: ouy. dis ie toute liesse.
Vueil, ie ne scay bonnement lequel prendre,
Dueil ou plaisir.

Tous deux sont bons, selon que Dieu nous dresse:
Ainsi la Mort, qui le Saulueur oppresse,
Faict sur nos cueurs Dueil, et Plaisir descendre:
Mais nostre mort, qui en fin nous faict cendre,
Tant seulement l'ung, ou l'autre nous laisse,
Dueil ou plaisir.

De la Conception nostre Dame.

Comme Nature est en peche ancrée
Par art d'Enfer: grace, qui nous recrée
Par art du Ciel, Marie en garentit,
Car aultrement cil, qui se y consentit,
Ne l'eust iamais a son Filz consacrée.

Mais il peult tout, et veult, q luy agrée.
Qu'un Filz sacré aye Mere sacrée:
Ce qu'elle fut, et vice ne sentit,
Contre Nature.

Nature trop de fol desir oultrée,
Est en peche Originel entrée,
Et sans Baptesme onc homme n'en partit:
Mesmes iamais la Vierge n'en sortit,
Aussi iamais elle ny feit entrée
Contre Nature.

De la veue des Roys de France, et d'Angleterre entre Ardres, et Guynes.

DE deux grands Roys la noblesse, a puissance
Veue en ce lieu nous donne congnoissance
Que amytie prend courage de Lyon
Pour ruer ius vielle rebellion,
Et mettre sus de Paix l'esioyssance.

Soit en beaulte, scauoir, et contenance,
Les Anciens n'ont point de souuenance
D'auoir onc veu si grand perfection
De deux grands Roys.
Et le Festin, la Pompe, et l'Assistance
Surpasse en bien le Triumphe, a prestance
Qui fut iadis sur le mont Pelyon.
Car de la vint la guerre Dylion:
Mais de cecy vient Paix, et alliance
De deux grands Roys.

De ceulx, qui alloient sur Mulle au Camp d'Attigny.

AVx champs, aux champs, Braues, qu'on ne
vous trousse.
Prenez harnoys, l'arc, la flesche, a la trousse
Pour vous deffendre en Haynault, ou Milan,
Et gardez bien d'y empoigner mal an,
Car le drap d'or bien peu sert, quand on poulse.

Raison pourquoy: on se y bat, et courrousse
Plus qu'a chasser a quelcque beste rousse,
Ou a voller la Pye, ou le Millan
Aux champs.
En cestuy Camp, ou la guerre est si doulce,
Allez sur Mulle auecques vne housse,

Aussi fousez, qu'un Moine, ou Cappellan:
Mais vous vouldriez estre en Hierusalem,
Quand ce viendra a donner la secousse
Aux champs.

Au Roy, pour auoir argent au
dessoger de Reins.

AU departir de la Ville de Reins
Faulte d'Argent me rend foible de reins,
Roy des Francoys, voire de telle sorte,
Que ne scay pas comment d'icy ie sorte,
Car mon Cheual tient mieulx que par les creins.

Puis l'Hoste est rude, & plein de gros refrains:
Ie y laisseray Mors, Bossetes, & Frains,
Ce ma il dit, ou le Diable l'emporte
Au departir.
Si vous supply, Prince, que i'ayme, & crains,
Faicte miracle auecques aulcuns grains,
Resuscitez ceste personne morte,
Ou autrement demourray a la porte
Auec plusieurs, qui sont a ce contrainctz
Au departir.

De celle, qui pour Estreines enuoie
a son Amy vne de ses couleurs.

SOubz esperance, & attente d'auoir
Responce faicte en plus profond scauoir
Les miens espritz vng lourd Ronde au te'escriuirt,
Et deuers toy peu d'Estreines arriuent
Pour forte Amour entre nous conceuoir.

Gris, Blanc, & Bleu, sont mes couleurs (pour voir)

Mais du seul Gris ie l'ay voulu pouruoir,
Dont sont vestuz plusieurs humains, qui viuent
Soubz Esperance.
Recoy le donc, & vueille par ce voir
Que les tendans a leurs desirs se veoir
S'arment de Gris, & Desespoir ne suiuent:
Car par luy seul souuent de bien se priuent
Ceulx, qui pourroient mieulx que bien recepuoir
Soubz Esperance.

D'ung lieu de plaisance.

PLus beau, que fort ce lieu ie puis iuger,
Parquoy le veulx non pas comparager
A Ilyon, non a Troye la grande,
Mais bien au Val tapissé de Lauande,
Ou s'endormit Paris ieune Berger.

En ce beau lieu Dyane vient loger:
Ne vueillez donc sur luy faulte songer,
Car il est tel, comme elle le demande,
Plus beau, que fort.
Maintz Ennemis le vienent assieger,
Dont le plus rude est le Serin legier,
L'autre le Geay, la Passe, & la Calande:
Ainsi la Dame (a qui me recommande)
S'esbat a veoir la guerre en son Verger
Plus beau, que fort.

Des Nonnes, qui sortirent du Couuent pour se aller recreer.

HOrs du Couuent l'aultrehyer soubz la Coul-
drette
Ie rencontray mainte Nonne proprette

Suyuant l'Abbesse en grand deuotion:
Si cours apres, & par affection
Vins aborder la plus ieune, & tendrette.

Je l'arraisonne, elle plainct, & regrette,
Dont ie congneus (certes) que la pauurette
Eust bien voulu aultre vacation
Hors du Conuent.

Toutes auoient soubz vesture secrette
Ung tainct vermeil, vne mine saffrette,
Sans point auoir d'Amour fruition.
Ha (dis ie lors) quelle perdition
Se faict icy de ce, dont i'ay souffrette
Hors du Conuent.

D'alliance de Pensée.

Vng Mardy gras, que tristesse est chassée,
M'aduint par heur d'amytie pourchassée
Vne Pensée excellente, & loyalle:
Quand ie dirois digne d'estre royalle,
Par moy seroit a bon droict exaulcée.

Car de rimer ma plume dispensée
Sans me louer peult louer la Pensée,
Qui me suruint dansant en vne Salle
Vng Mardy gras.

C'est celle qu'ay d'alliance pressée
Par ces attraictz: laquelle a voix baissée
M'a dit, ie suis ta Pensée fealle,
Et toy la mienne, a mon gré cordialle:
Nostre alliance ainsi fut commencée
Vng Mardy gras.

De sa grand Amye.

DEdans Paris Ville iolye
Ung iour passant melancolie
Je prins alliance nouuelle
A la plus gaye Damoyselle,
Qui soit d'icy en Italie.

D'honnestete elle est saisie,
Et croy (selon ma fantasie)
Qu'il n'en est gueres de plus belle
Dedans Paris.
Je ne la vous nommeray mye,
Si non que c'est ma grand Amye,
Car l'alliance se feit telle,
Par ung doulx baiser, que i'eus d'elle
Sans penser aulcune infamie,
Dedans Paris.

De trois Alliances.

TAnt & plus mon cueur se contente
D'alliances, car aultre attente
Ne me scauroit mieulx assouuir,
Veu que i'ay (pour honneur suiuir)
Pensée, Grand Amye, & Tante.

La Pensée est noble, & prudente:
La Grand Amye belle, & gente:
La Tante en bonté veulx pleuuir
Tant & plus.
Et ce Rondeau ie luy presente,
Mais pour conclusion decente,
La premiere ie veulx seruir:
De l'aultre l'amour desseruir:
Croire la tierce, est mon entente
Tant et plus.

Aux Damoyselles paresseuses d'escrire a leurs Amys.

Bon iour: & puis, quelles nouuelles?
N'en scauroit on de vous auoir?
S'en brief ne m'en faictes scauoir,
I'en feray de toute nouuelles.

Puis que vous estes si rebelles,
Bon Vespre, bonne Nuict, bon Soir,
Bon iour.
Mais si vous cueillez des Groiselles,
Enuoyez m'en: car pour tout voir,
Ie suis gros, mais c'est de vous veoir
Quelcque matin mes Damoyselles:
Bon iour.

De celluy, qui nouuellement a receu Lettres de s'Amye.

A Mon desir d'un fort singulier estre
Nouueaulx escriptz on me faict apparoistre,
Qui m'ont rauy, tant qu'il fault que par eulx
Aye Lyesse, ou Ennuy langoreux:
Pour l'ung, ou l'autre Amour si m'a faict naistre.

C'est par vng cueur, que du mien i'ay faict maistre,
Voyant en luy toutes vertus accroistre:
Et ne crains fors, qu'il soit trop rigoreux
A mon desir.
C'est vne Dame en faictz, et dictz adextre,
C'est vne Dame ayant la sorte d'estre
Fort bien traictant vng loyal Amoureux.
Pleust or a Dieu, que feusse assez heureux,
Pour quelcque iour l'esprouuer, et congnoistre
A mon desir.

Des trois couleurs, Gris, Tanne, et Noir.

GRis, Tanne, Noir porte la fleur des fleurs
Pour sa liurée, auec regretz, et pleurs:
Pleurs, et regretz en son cueur elle enferme,
Mais les couleurs, dont ses vestemens ferme
(Sans dire mot) exposent ses douleurs.

Car le Noir dit la fermeté des Cueurs:
Gris le trauail: et Tanne les langueurs:
Par ainsi c'est, Langueur en Trauail ferme,
Gris, Tanne, Noir.
J'ay ce fort mal par elle, et ses valeurs,
Et en souffrant ne crains aulcuns malheurs,
Car sa bonte de mieulx auoir m'afferme:
Ce nonobstant, en attendant le terme,
Me fault porter ces trois tristes couleurs,
Gris, Tanne, Noir.

D'ung soy deffiant de sa Dame.

PLus qu'en aultre lieu de la ronde,
Mon cueur volle comme l'Aronde
Vers toy, en prieres, et dictz:
Mais si asprement l'escondis,
Que noyer le fais en claire unde.

Dont ne puis croire (ou l'on me fonde)
Que ton cueur a m'aymer se fonde,
Quand tous biens me y sont interdictz
Plus qu'en aultre lieu.
Car il n'ya Princesse au Monde,
Qui m'aymast d'amour si profonde,
Comme celle que tu me dis,

Qui ne m'ouurist le Paradis
De iouyssance, ou grace abonde
Plus qu'en aultre lieu.

De celluy, qui ne pense qu'en s'Amye.

TOutes les nuyctz ie ne pense qu'en celle,
Qui a le Corps plus gent qu'une pucelle
De quatorze ans, sur le poinct d'enrager,
Et au dedans vng cueur (pour abreger)
Autant ioyeux qu'eut oncque Damoyselle.

Elle a beau tainct, vng parler de bon zelle,
Et le Tetin rond comme vne Grozelle:
N'ay ie donc pas bien cause de songer
Toutes les nuictz?
Touchant son cueur, ie l'ay en ma cordelle,
Et son Mary n'a sinon le Corps d'elle:
Mais toutesfois, quand il vouldra changer,
Prenne le Cueur: et pour le soulager
I'auray pour moy le gent Corps de la belle
Toutes les nuictz.

De celluy, qui entra de Nuict chez s'Amye.

DE nuict, & iour fault estre aduentureux,
Qui d'amours veult auoir biens plantureux:
Quant est de moy, ie n'euz onc crainte d'ame,
Fors seulement, en entrant chez ma Dame,
D'estre apperceu des Langars dangereux.

Vng soir bien tard me feirent si paoureux,
Qu'aduis m'estoit, qu'il estoit iour pour eulx:

Mais

Mais si entray ie, a n'en vint iamais blasme
De nuict, a iour.
La nuict ie prins d'elle ung fruict savoureux:
Au poinct du iour vy son corps amoureux
Entre deux draps plus odorans que Basme.
Mon Oeil adonc, qui de plaisir se pasme,
Dict a mes Bras, vous estes bien heureux
De nuict, a iour.

Du content en Amours.

La me tiendray, ou a present me tien,
Car ma Maistresse au plaisant entretien.
M'ayme d'un cueur tant bon, et desirable,
Qu'on me debvroit appeller miserable,
Si mon vouloir estoit aultre que sien.

Et fusse Helaine au gratieux maintien,
Qui me vint dire, Amy, faiz mon cueur tien,
Je respondroys, point ne seray muable:
La me tiendray.

Qu'un chascun donc votse chercher son bien:
Quant est a moy, ie me trouve tresbien.
J'ay Dame belle, exquise, et honnorable:
Parquoy fusse ie unze mil ans durable,
Au Dieu d'Amours ne demanderay rien:
La me tiendray.

De celluy, qui est demeuré, et s'Amye s'en est allee.

Tout a part soy est melancolieux
Le tien Servant, qui s'eslongne des lieux,
La ou l'on veult chanter, dancer, et rire:

Seul en sa chambre il va ses pleurs escrire,
Et n'est possible a luy de faire mieulx.

Car quand il pleut, et le Soleil des Cieulx
Ne reluist point, tout homme est soucieux,
Et toute Beste en son creux se retire
Tout a par soy.

Or maintenant pleut larmes de mes yeux,
Et toy, qui es mon Soleil gracieux,
M'as delaissé en lombre de martyre:
Pour ces raisons loing des aultres me tire,
Que mon ennuy ne leur soit ennuyeux
Tout a par soy.

De celluy, de qui Lamye a faict
nouuel Amy.

IUsque a la mort Dame t'eusse clamée,
Mais ung nouueau t'a si bien reclamée,
Que tu ne veulx qu'a son Leurre venir:
Si ne peulx tu contre moy soustenir,
Pourquoy l'amour deust estre consommée.

Car en tous lieux tousiours t'ay estimée,
Et si on dict, que ie t'ay deprimée,
Je dy que non, et le veulx maintenir
Jusque a la mort.

Dieu doint que pis tu n'en soys renommée:
Car s'il est sceu, tu en seras nommée
Femme sans cueur, qui ne se peult tenir
D'aller au change, et a grand tort bannir
Celluy, qui t'eust parfaictement aymée
Jusque a la mort.

De l'Amant marry contre sa Dame.

DV tout me veulx desheriter
De ton amour, car proffiter
Je ny pourrois pas longue espace
Veu qu'un aultre recoit ta grace,
Sans mieulx que moy la meriter.

Puis qu'a toy se veult presenter,
De moy se devra contenter,
Car ie luy quitteray la place
Du tout.
Tes graces sont fort a noter,
On ny scauroit mettre, ne oster.
Tu as beau corps, et belle face,
Mais ton cueur est plein de fallace:
Voyla qui m'en faict deporter
Du tout.

D'alliance de Soeur.

PAr alliance ay acquis vne Soeur,
Qui en beaulte, en grace, & en doulceur
Entre vng milier ne trouue sa pareille:
ussi mon cueur a l'aymer s'appareille,
Mais d'estre aymé ne se tient pas bien seur.

as elle ma naure de grand vigueur,
on d'ung cousteau, ne par haine, ou rigeur,
Mais d'ung baiser de sa bouche vermeille
Par alliance.
il qui la voit, iouyt d'ung treshault heur:
lus heureux est, qui parle a sa haulteur,
t plus heureux, a qui preste l'oreille:
en heureux donc devroit estre a merueille

Qui en amours seroit son seruiteur
Par alliance.

D'une Dame aiant beaulte, & bonne grace.

GRande vertu, & beaulte naturelle
Ne sont souuent en forme corporelle,
Mais ta forme est en beaulte outrepasse,
D'aultant que l'Or tous les Metaulx surpasse.
Et si voit on mainte vertu en elle.

Aussi par tout en volle la nouuelle,
Et ce qui plus ton renom renouuelle,
C'est que tu as (toy seulle) double grace,
Grande vertu.
Grace en maintien, & en parolle belle:
Grace en apres, que mercy on appelle:
L'une contrainct, que l'amour on pourchasse:
L'aultre de toy la iouyssance brasse:
Ie te supplie, vse enuers moy dicelle
Grande vertu.

A la ieune Dame melancolique,
et solitaire.

PAr seulle amour, qui a tout surmonté,
On trouue grace en diuine bonte,
Et ne la fault par aultre chemin querre:
Mais tu la veulx par cruaulte conquerre,
Qui est contraire a bonne voulunte.

Certes cest bien a toy grans cruaulte,
De vser en dueil la ieunesse, & beaulte,
Que ta donné Nature sur la terre
Par seulleamour.

En sa verdeur se resiouist l'Este,
Et sur l'yuer laisse ioyeusete:
En ta verdeur plaisir doncques asserre,
Puis tu diras (si vieillesse te serre)
A Dieu le temps, qui si bon a este
Par seulle Amour,

A vne Dame, pour luy offrir cueur, & seruice.

TAnt seullement ton Amour ie demande,
Te suppliant que ta beaulte commande
Au cueur de moy, comme a ton seruiteur.
Quoy que iamais il ne desseruit heur,
Qui procedast d'une grace si grande.

Croy que ce cueur de te congnoistre amande,
Et vouluntiere se rendroit de ta bande,
S'il te plaisoit luy faire cest honneur
Tant seullement.
Si tu le veulx, metz le soubz ta commande:
Si tu le prendz, las ie te recommande
Le triste Corps, ne le laisse sans Cueur,
Mais loges y le tien, qui est vainqueur
De l'humble Serf, qui son vouloir te mande
Tant seullement.

A vné Dame pour la louer.

Rondeau, ou toute aigreur abonde,
Va veoir la doulceur de ce Monde:
Telle doulceur t'adoulcira,
Et ton aigreur ne l'aigrira.

TRop plus qu'en aultre en moy cest arresté
Fascheux ennuy: car yuer, & Este
N'ay veu que fraulde, hayne, vice, & oppresse

Auec chagrin: & durant ceste presse,
Plus mort, que vif au Monde i'ay esté.

Mais le mien cueur (hors de vie absenté)
Commence a viure, & reuient a santé,
Et tout plaisir vers moy prend son adresse,
Trop plus qu'en aultre.

Car maintenant i'appercoy loyaulté,
Je voy a l'oeil Amour, & feaulté.
Je voy vertu, ie voy pleine lyesse.
Tout cela voy: voire mais en qui est ce?
C'est en vous seule, ou gist toute beaulté
Trop plus qu'en aultre.

A la fille d'ung Paintre d'Orleans.
belle entre les autres.

AU temps passé Apelles Paintre sage
Feit seullement de Venus le visage
Par fiction: mais (pour plus hault attaindre)
Ton Pere a faict de Venus (sans rien faindre)
Entierement la face, & le corsage.

Car il est Paintre, & tu es son ouurage
Mieulx resemblant Venus de forme, & d'aage,
Que le Tableau, qu'Apelles voulut paindre
Au temps passé.

Vray est qu'il feit si belle son ymage,
Qu'elle eschauffoit en Amour maint courage:
Mais celle la que ton Pere a sceu faindre,
Il mect le feu, & a dequoy l'estaindre:
Laultre n'eut pas vng si gros aduantage
Au temps passé.

Du baiser du s'Amye.

En la baisant ma dit, Amy sans blasme
Ce seul baiser, qui deux bouches embasme,
Les arres sont du bien tant espere:
Ce mot elle a doulcement profere
Pensant du tout appaiser ma grand flamme.

Mais le mien cueur adonc plus elle enflamme,
Car son alaine odorant plus que basme
Souffloit le feu qu'Amour m'a prepare
En la baisant.
Brief, mon esprit sans congnoissance d'ame
Viuoit alors sur la bouche a ma Dame,
Dont se mouroit le corps enamoure:
Et si sa leure eust gueres demoure
Contre la mienne, elle m'eust suce lame
En la baisant.

Pour vng, qui est alle loing de s'Amye.

Loing de tes yeux t'amour me vient poursuiure
Aultant ou plus qu'elle me souloit suiure
Aupres de toy: car tu as (pour tout seur)
Si bien graue dedans moy ta doulceur,
Que mieulx grauer ne se pourroit en cuiure.

Le corps est loing, plus a toy ne se liure:
Touchant le cueur, ta beaulte m'en deliure.
Ainsi ie suis (long temps a) sans mon cueur,
Loing de tes yeux.
Or l'homme est mort, qui n'a son cueur deliure:
Mais endroit moy ne s'en peult mort ensuyure,
Car si tu as le mien plein de langueur,
I'ay auec moy le tien plein de vigueur,

Lequel aultant que le mien me faict viure
Loing de ses yeux.

De la Paix traictée a Cambray par trois Princesses.

DEssus la Terre on voyt les trois Déesses,
Non pas les trois, qui apres grans liesses
Misrent au Monde aspre guerre, & discord:
Ces trois icy auec paix, & accord
Rompent de Mars les cruelles rudesses.

Par ces trois la entre tourbes, & presses
La Pomme d'or causa grandes oppresses:
Par ces trois cy l'Oliue croist, & fort
Dessus la Terre.
S'elle fleurist, sont diuines largesses:
S'elle flestrist, sont humaines sagesses:
Et en viendra (si l'Arbre est bon, et fort)
Gloire a Dieu seul, aux humains reconfort,
Amour de Peuple aux trois grandes Princesses
Dessus la Terre.

A Monsieur de Belleuille,

EN attendant que plus grand Oeuure face,
Pour presenter deuant la clere face
De Diana, Seigneur tant estimé,
Prens cest escript mal poly, et limé:
Et si lourd suis, mes offenses efface.

Si respondray ie a ton enuoy, qu'Orace
N'amenderoit. Voyre mais, quand sera ce?
Tu le sçauras par ce Rondeau rimé
En attendant.

Ce sera lors, que ma Muse trop basse
Se haulsera pour louer l'outrepasse
En Bruyt, et Los, qui par tout est semé.
Loyal Amant tresdigne d'estre aymé
Vueilles moy mettre, & tenir en sa grace
En attendant.

Sur la deuise de Madame de Lorraine: Amour, et Foy.

AMour, & Foy sont bien appariez,
Voire trop mieulx ensemble mariez
Que les Humains, qu'en ce Monde on marie:
Car iamais Foy de l'Amour ne varie:
Et vous Humains bien souuent variez.

Dames de cueur icy estudiez:
Ces deux beaulx dons Dieu vous a dediez,
Et sont ceans en haulte seigneurie
Amour, & Foy.
Tant sont vniz, tant sont bien alliez,
Qu'oubliant l'ung, l'autre vous oubliez:
Si l'Amour fault, la Foy n'est plus cherie:
Si Foy perit, l'Amour s'en va perie:
Pour ce les ay en deuise liez
Amour, & Foy.

De l'Amour du Siecle Antique.

AV bō vieulx tēps vng train d'Amours regnoit,
Qui sans grand art, & dons se demenoit,
Si qu'un bouquet donné d'Amour profonde,
C'estoit donné toute la Terre ronde,
Car seulement au cueur on se prenoit.

Et si par cas a iouyr on venoit,

Sçauez vous bien comme on s'entretenoit,
Vingt ans, trente ans : cela duroit vng Monde
Au bon vieulx temps.
Or est perdu ce qu'Amour ordonnoit,
Rien que pleurs faincts, rien que changes on n'oyt.
Qui vouldra donc qu'a aymer ie me fonde,
Il fault premier que l'Amour on refonde,
Et qu'on la meine ainsi, qu'on la menoit
Au bon vieulx temps.

Rondeau par Victor Brodeau, responsif au precedant.

AU bon vieulx temps, que lamour par bouquetz
Se demenoit, et par ioieux caquetz,
La femme estoit trop sotte, ou trop peu fine:
Le temps depuis, qui tout fine, & affine,
Luy a monstré a faire ces acquetz.

Lors les Seigneurs estoient petis Macquetz,
D'aulx, & Oignons se faisoient les banquetz,
Et n'estoit bruict de ruer en cuisine
Au bon vieulx temps.
Dames aux huis nauoient clefz, ne loquetz:
Léur garde robe estoit petis pacquetz
De Caneuas, ou de grosse Estamine:
Or, Diamans on laissoit en leur Mine,
Et les couleurs porter aux Perroquetz
Au bon vieulx temps.

D'une Dame, a vng Importun.

TAnt seullement ton repos ie desire,
T'aduertissant (puis qu'il fault le te dire)
Que ie ne suis disposee a t'aymer:

Si pour cueillir tu veulx doncques semer,
Trouve aultre champ, & du mien te retire.

Brief, si ton cueur plus a ce chemin tire,
Il ne fera que augmenter son martyre,
Car ie ne veulx seruiteur te nommer
Tant seullement.

Tu peulx donc bien aultre maistresse eslire:
Que pleust a Dieu qu'en mon cueur peussez lire,
La ou Amour ne t'a sceu imprimer:
Et mesbahis (sans rien desestimer)
Comment i'ay prins la peine de t'escrire
Tant seullement.

De la mal mariée, qui ne veult
faire Amy.

CONtre raison Fortune lesuollée
Trop lourdement deuers moy est vollée,
Quand pour loyer de ma grand loyaulte
Du mien Espoux ie n'ay que cruaulte,
En lieu d'en estre en mes maulx consollée.

Or d'aultre Amy ne seray ie acollée,
Et aimeroys mieulx estre descollée,
Que desloialle a sa desloiaulte
Contre raison.

La fleur des champs n'est seichée, & foulée
Qu'en temps d'yuer, mais moy pauure affollée
Perds en tout temps la fleur de ma beaulté.
Helas ma Mere, en qui t'ay priuaulté,
Reconfortez la pauure desollée.

De linconstance de Ysabeau.

COmme inconstante, & de cueur faulse, & lasche,
Elle me laisse. Or puis qu'ainsi me lasche,
A vostre aduis ne la doibs ie lascher?
Certes ouy: & aultrement fascher
Je ne la veulx, combien qu'elle me fasche.

Il luy faulsdroit (au train qu'a mener tasche)
Des Seruiteurs a iournee, & a tasche)
En trop de lieux veult son cueur attacher
Comme inconstante.
Or pour couurir son grand vice, & sa tache,
Souuent ma plume a la louer s'attache:
Mais a cela ie ne veulx plus tascher,
Car ie ne puis son mauluais bruyt cacher
Si seurement, qu'elle ne se descache
Comme inconstante.

Rondeau parfaict.
A ses Amys apres sa deliurance.

EN liberte maintenant me pourmaine,
Mais en prison pour tant ie fuz cloue:
Voyla comment Fortune me demaine.
C'est bien, & mal. Dieu soit de tout loué.

Les Enuieux ont dit, que de Noe
N'en sortirois: que la Mort les emmaine.
Maulgre leurs dentz le neud est desnoué.
En liberté maintenant me pourmaine.

Pourtant si i'ay fasché la Court Rommaine,
Entre meschans ne fuz oncq alloué:
Des bien famez i'ay hanté le dommaine:
Mais en prison pourtant ie fuz cloué.

Car aussi tost que fuz desaduoué
De celle la, qui me fut tant humaine,
Bien tost apres a sainct Pris fut voué:
Voyla comment Fortune me demaine.

J'eus a Paris prison fort inhumaine:
A Chartres fuz doulcement encloué:
Maintenant voys, ou mon plaisir me maine.
C'est bien, & mal. Dieu soit de tout loué.

Au fort, Amys, c'est a vous bien joué,
Quand vostre main hors du parc me ramaine.
Escript, & faict d'ung cueur bien enioué,
Le premier jour de la verte Sepmaine.

Chanson premiere.

Plaisir n'ay plus, mais vy en desconfort,
Fortune m'a remis en grand douleur:
L'heur que i'auoys, est tourné en malheur,
Malheureux est, qui n'a aulcun confort.

Fort suis dolent, & regret me remord,
Mort m'a osté ma Dame de valeur,
L'heur que i'auoys, est tourné en malheur:
Malheureux est, qui n'a aulcun confort.

Valoir ne puis, en ce Monde suis mort,
Morte est m'amour, dont suis en grand langueur,
Langoreux suis plein d'amere liqueur,
Le cueur me part pour sa dolente mort.

Chanson.ij.

SEcourez moy, ma Dame par amours,
Ou aultrement la Mort me vient querir.
Aultre que vous ne peult donner secours
A mon las cueur, lequel s'en va mourir.
Helas, Helas, vueillez donc secourir
Celluy, qui vit pour vous en grand destresse,
Car de son cueur vous estes la maistresse.

Si par aymer, & souffrir nuictz et iours,
L'amy desser ce, qu'il vient requerir,
Dictes, pourquoy faictes si longs seiours
A me donner ce, que tant veulx cherir:
O noble fleur, laisserez vous perir
Vostre Seruant, par faulte de lyesse:
Je croy qu'en vous n'a point tant de rudesse.

Vostre rigueur me feit plusieurs destours,
Quand au premier ie vous vins requerir:
Mais Bel Acueil m'a faict d'assez bons tours,
En me laissant maint baiser conquerir.
Las vos baisers ne me sçauent guerir,
Mais vont croissant l'ardant feu, qui me presse:
Iouyssance est ma medecine expresse.

Chanson.iii.

Dieu gard ma Maistresse, et Regente,
Gente de corps, et de facon,
Son cueur tient le mien en sa tente
Tant et plus d'ung ardant frisson.
S'on m'oyt poulser sur ma chanson
Son de voix, ou Harpes doulcettes,
C'est Espoir, qui sans marrisson
Songer me faict en amourettes.

La blanche Colombelle belle,
Souuent ie voys priant, criant,
Mais dessoubz la cordelle d'elle
Me gette vng oeil friant riant,
En me consommant, et sommant
A douleur, qui ma face efface:
Dont suis le reclamant amant,
Qui pour l'oultrepasse trespasse.

Dieu des Amans de mort me garde,
Me gardant, donne moy bon heur,
En le me donnant, prens ta Darde,
En la prenant, naure son cueur,
En le naurant, me tiendras seur,
En seurte, suyuray l'accointance,
En l'accoinctant, ton Seruiteur

En seruant aura iouyssance.

Chanson. iiii.

IOuyssance vous donneray,
Mon Amy, & si meneray
A bonne fin vostre esperance.
Viuante ne vous laisseray,
Encores, quand morte seray,
L'esprit en aura souuenance.

Si pour moy auez du soucy,
Pour vous n'en ay pas moins aussi,
Amour le vous doit faire entendre.
Mais s'il vous griefue d'estre ainsi,
Appaisez vostre cueur transi:
Tout vient a point, qui peult attendre.

Chanson. v.

I'Attens secours de ma seulle pensée:
I'attens le iour, que l'on me sconduira,
Ou que de tout la Belle me dira,
Amy t'amour sera recompensée.

Mon alliance est fort bien commencée.
Mais ie ne scay, comment il en yra,
Car s'elle veult, ma vie perira,
Quoy qu'en Amour i'attens d'estre auancée.

Si i'ay reffus, vienne Mort insensée:
A son plaisir de mon cueur iouyra.
Si i'ay mercy, adonc s'esiouyra
Celluy, qui point n'a sa Dame offensée.

Chanson. vi.

Chanson.vi.

AMour, et Mort m'ont faict oultrage.
Amour me retient en seruage,
Et Mort (pour accroistre ce dueil)
A prins cestuy loing de mon oeil,
Qui de pres naure mon courage.

Helas Amour, tel personnage
Te seruoit en fleur de son aage,
Mais tu es ingrat a mon vueil
De souffrir Guerre, et son orgueil
Tuer ceulx, qui t'ont faict hommage.

Si est ce a mon cueur aduantage,
De ce que son noble corsage
Gist enuers, loing de mon acueil,
Car si i'auois veu son Hercueil,
Ma grand douleur deuiendroit rage.

Chanson.vii.

CElle qui ma tant pourmené.
A eu pitie de ma langueur:
Dedans son Jardin ma mené,
Ou tous arbres sont en vigueur:
Adoncques ne vsa de rigueur,
Si ie la baise, elle m'accolle:
Puis ma donné son noble cueur,
Dont il m'est aduis que ie volle.

Quand ie vei son cueur estre mien,
Je mys toute crainte dehors,
Et luy dys, Belle, ce n'est rien,
Si entre voz bras ie ne dors:

La Dame respondit alors,
Ne faicte plus ceste demande:
Il est assez maistre du corps,
Qui a le cueur a sa commande.

Chanson. viij.

Si de nouueau i'ay nouuelles couleurs,
Il n'en fault ia prendre esbahissement,
Car de nouueau i'ay nouuelles douleurs,
Nouuelle amour, & nouueau pensement:
Dueil, & Ennuy, c'est tout l'auancement,
Que i'ay encor de vous tant amoureuse:
Si vous supply, que mon commencement
Cause ne soit de ma fin langoreuse.

Pleust or a Dieu (pour fuyr mes malheurs)
Que ie vous tinse a mon commandement:
Ou pour le moins, que voz grandes valeurs
Ne fussent point en mon entendement:
Car voz beaulx yeux me plaisent tellement,
Et vostre amour me semble tant heureuse,
Que ie languis: ainsi voyla comment,
Ce qui me plaist, m'est chose doloreuse,

Chanson. ix.

Quand i'ay pensé en vous ma bien aymée,
Trouuer n'en puis de si grande beaulté:
Et de vertu seriez plus estimée,
Qu'aultre qui soit, si n'estoit cruaulté.
Mais pour vous aymer loyaulment
I'ay recompense de tourment:
Toutesfois quand il vous plaira,
Mon mal par mercy finera.

Des que mon oeil apperceut vostre face,
Ma liberte du tout m'abandonna,
Car mon las cueur esperant vostre grace
De moy partit, et a vous se donna.
Or s'est il voulu retirer
En lieu, dont ne se peult tirer,
Et vous a trouvée sans sy,
Fors qu'estes Dame sans mercy.

Vostre rigeur veult doncques que ie meure,
Puis que pitie vostre cueur ne remors,
Si n'aurez vous (de ce ie vous asseure)
Loz, ny honneur de si cruelle mort:
Car on ne doibt mettre en langueur
Celluy qui ayme de bon cueur:
Trop est rude a son Ennemy,
Qui est cruel a son Amy.

Chanson. x.

IE suis aymé de la plus belle,
Qui soit viuant dessoubz les Cieulx:
Encontre tous faulx Enuieulx
Je la soustiendray estre telle.

Si Cupido doulx, et rebelle
Auoit desbendé ses deux yeux,
Pour veoir son maintien gracieux,
Je croy qu'amoureux seroit d'elle.

Venus la Déesse immortelle
Tu as faict mon cueur bien heureux,
De l'auoir faict estre amoureux
D'une si noble Damoyselle.

Chanson.xi.

QVi veult avoir lyesse
Seullement d'ung regard,
Vienne veoir ma Maistresse,
Que Dieu maintienne, & gard:
Elle a si bonne grace,
Que celluy qui la voit,
Mille douleurs efface,
Et plus, s'il en avoit.

Les vertus de la Belle
Me font esmerveiller.
La souvenance d'elle
Faict mon cueur esveiller.
Sa beaulté tant exquise
Me faict la mort sentir:
Mais sa grace requise
M'en peult bien garentir.

Chanson xii.

TAnt que vivray en aage florissant,
Je serviray Amour le Dieu puissant,
En faictz, & dictz, en chansons, & accords.
Par plusieurs iours ma tenu languissant,
Mais apres dueil ma faict resiouyssant,
Car iay l'amour de la belle au gent corps.
Son alliance
Est ma fiance:
Son cueur est mien,
Mon cueur est sien:
Fy de tristesse,
Vive lyesse,
Puis qu'en Amours a tant de bien.

Quand ie la veulx seruir, & honnorer,
Quand par escriptz veulx son nom decorer,
Quand ie la voy, & visite souuent,
Les Enuieulx n'en font que murmurer,
Mais nostre Amour n'en scauroit moins durer,
Aultant ou plus en emporte le vent,
Maulgre enuie
Toute ma vie
Je l'aymeray,
Et chanteray:
C'est la premiere,
C'est la derniere,
Que i'ay seruie, & seruiray.

Chanson, xiii.

LAnguir me fais sans t'auoir offensée,
Plus ne m'escriptz, plus de moy ne t'enquiers,
Mais nonobstant aultre Dame ne quiers:
Plus tost mourir, que changer ma pensee.

Je ne dy pas t'amour estre effacée,
Mais ie me plainds de l'ennuy que i'acquiers,
Et loing de toy humblement te requiers
Que loing de moy, de moy ne soys faschée.

Chanson .xiiii.

DOu vient cela, Belle, ie vous supply,
Que plus a moy ne vous recommandez:
Tousiours seray de tristesse remply,
Jusques a tant qu'au vray le me mandez:
Je croy que plus d'Amy ne demandez,
Ou maulvais bruyt de moy on vous reuelle,
Ou vostre cueur a faict amour nouuelle.

Si vous laissez d'Amour le train iolly,
Vostre beaulte prisonniere rendez:
Si pour aultruy m'auez mis en oubly,
Dieu vous y doint le bien, que y pretendez:
Mais si de mal en rien m'apprehendez,
Je veulx qu'aultant que vous me semblez belle,
D'aultant, ou plus vous me soyez cruelle.

Chanson. xv.

MA Dame ne ma pas vendu,
Elle ma seullement changé:
Mais elle a au change perdu,
Dont ie me tiens pour bien vengé,
Car ung loyal a estrangé
Pour ung aultre, qui la diffame,
N'est elle pas legiere femme?

Le Noir a quicté, et rendu,
Le Blanc est d'elle desrengé,
Violet luy est deffendu,
Point n'ayme Bleu, n'y Orangé:
Son cueur muable s'est rengé
Vers le Changeant, couleur infame,
N'est elle pas legiere femme?

Chanson xvi.

IAy contenté
Ma voulenté
Suffisamment,
Car iay esté
D'amours traicté
Differemment.
J'ay eu tourment,

Bon traictement,
J'ay eu doulceur, & cruaulte:
Et ne me plainds fors seullement
D'auoir aymé si loyaulment
Celle, qui est sans loyaulte.

Cueur affete
Moins arreste
Qu'ung seul moment,
Ta laschete
M'a deiecté
Fascheusement.
Prends hardiment
Amandement.
Et vous Dames de grand beaulte
Si l'honneur aymez cherement,
Vous n'ensuyurez aulcunement
Celle, qui est sans loyaulte.

Chanson.xvii.

JE ne fais rien que requerir
Sans acquerir
Le don d'amoureuse liesse.
Las ma Maistresse
Dictes, quand est ce,
Qu'il vous plaira me secourir.
Je ne fais rien que requerir.

Vostre beaulte qu'on voit flourir
Me faict mourir:
Ainsi i'ayme ce, qui me blesse,
C'est grand simplesse:
Mais grand sagesse,

Pourueu que m'en vueillez guerir.
Je ne faiz rien que requerir.

Chanson.xviij.

D'Vn nouueau dard ie fuis frappé,
Par Cupido cruel de soy:
De luy pensoys estre eschappé,
Mais cuydant fuyr, me decoy,
Et remede ie n'appercoy
A ma douleur secrette,
Fors de crier, allegez moy
Doulce plaisant Brunette.

Si au Monde ne fussiez point,
Belle, iamais ie n'aymerois:
Vous seulle auez gaigné le poinct,
Que si bien garder i'esperois:
Mais quand a mon gre vous aurois
En ma chambre seullette,
Pour me venger, ie vous feroys
La couleur vermeillette.

Chanson.xix.

MAuldicte soit la mondaine richesse,
Qui m'a osté m'Amye, et ma Maistresse.
Las par vertu i'ay son amytie quise,
Mais par richesse vng aultre la conquise:
Vertu na pas en amour grand prouesse.

Dieu gard de mal la Nymphe, et la Déesse:
Mauldict soit l'Or, ou elle a sa liesse,
Mauldicte soit la fine Soye exquise,
Le Dyamant, et la Perle requise

Puis que par eulx il fault qu'elle me laisse.

Chanson.xx.

LE cueur de vous ma presence desire,
Mais pour le mieulx (Belle) ie me retire,
Car sans auoir aultre contentement,
Je ne pourroys seruir si longuement:
Venons au poinct, au poinct, qu'on n'ose dire.

Belle Brunette, a qui mon cueur souspire,
Si me donnez ce bien (sans m'escondire)
Je seruiray: mais scauez vous comment?
De Nuict, & Jour tresbien, & loyaulment.
Si ne voulez, ie fuiray mon martyre.

Chanson.xxi.

AMour au cueur me poinct,
Quand bien aymé ie suis:
Mais aymer ie ne puis
Quand on ne m'ayme poinct.

Chascun soit aduerty
De faire comme moy:
Car d'aymer sans party,
C'est vng trop grand esmoy.

Chanson.xxii.

QVi veult entrer en grace
Des Dames bien auant,
En cautelle, & fallace
Fault estre bien scauant.
Car tout vray Poursuyuant,

La loyaulte suyuant,
Au iourdhuy est deceu:
Et le plus decepuant
Pour loyal est receu.

Chanson xxiii.

LOng temps ya, que ie vys en espoir,
Et que Rigueur a dessus moy pouuoir:
Mais si iamais ie rencontre Allegeance,
Je luy diray, ma Dame venez veoir:
Rigueur me bat, faictes m'en la vengeance.

Si ie ne puis Allegeance esmouuoir,
Je le feray au Dieu d'Amours scauoir,
En luy disant, ô Mondaine plaisance,
Si d'aultre bien ne me voulez pourueoir,
A tout le moins ne m'ostez Esperance.

Chanson xxiiii.

QVand vous vouldriez faire vne Amye,
Prenez la de belle grandeur,
En son Esprit non endormye,
En son Tetin bonne rondeur,
Doulceur
En cueur,
Langage
Bien sage,
Dansant, chantant par bons accords,
Et ferme de Cueur, et de Corps.

Si vous la prenez trop ieunette,
Vous en aurez peu d'entretien:
Pour durer prenez la brunette

En bon point, d'asseuré maintien.
Tel bien
Vault bien
Qu'on fasse,
La chasse
Du plaisant Gibier amoureux:
Qui prend telle Proye, est heureux.

Chanson vingtcinqiesme du Jour de Noel

VNe Pastourelle gentille.
Et vng Bergier en vng Verger
Lautrhyer iouant a la Bille
S'entredisoient pour abreger,
Roger
Bergier,
Legiere
Bergiere,
C'est trop a la Bille ioué.
Chantons Noé, Noé, Noé.

Te souuient il plus du Prophete,
Qui nous dist cas de si hault faict,
Que d'une Pucelle parfaicte
Naistroit vng Enfant tout parfaict:
L'effect
Est faict:
La belle
Pucelle
A eu vng Filz au Ciel voué,
Chantons Noé, Noé, Noé,

Chanson xxvi.

EN entrant en vng Jardin
Je trouuay Guillot Martin
Auec Helene,
Qui vouloit son Picotin,
Son beau petit Picotin
Non pas d'Auoyne.

Adonc Guillot luy a dit,
Vous aurez bien ce credit,
Quand ie seray en alaine:
Mais n'en prenez qu'un petit.
Car par trop grand appetit
Vient souuent la Pance pleine.

Chanson xxvii.

D'Amours me va tout au rebours,
Ja ne fault, que de cela mente,
J'ay reffuz en lieu de secours:
M'amye rit, & ie lamente.
C'est la cause pourquoy ie chante,
D'Amours me va tout au rebours,
Tout au rebours me va d'Amours.

Chanson xxviii.

IAy grand desir
D'auoir plaisir
D'amour mondaine:
Mais c'est grand peine,
Car chascun loyal amoureux
Au Temps present est malheureux:
Et le plus fin

Gaigne a la fin
La grace pleine.

Chanson. xxix.

O Cruaulté logée en grand beaulté,
O grand beaulté, qui loges cruaulté,
Quand ma douleur iamais ne sentiras,
Aumoins vng iour pense en ma loyaulté:
Ingrate alors (peult estre) te diras.

Chanson. xxx.

I Ayme le cueur de m'Amye,
Sa bonté, et sa doulceur.
Je l'ayme sans infamie,
Et comme vng Frere la Soeur.
Amytie desmesurée,
N'est iamais bien asseurée,
Et mect les cueurs en tourment:
Je veulx aymer aultrement.

Ma Mignonne debonnaire,
Ceulx, qui font tant de clamours,
Ne taschent qu'a eulx complaire
Plus, qu'a leurs belles amours.
Laissons les en leur follye,
Et en leur melancolye:
Leur amytie cessera,
Sans fin la nostre sera.

Chanson. xxxi.

Si ie vy en peine, et langueur,
De bon gre ie le porte,
Puis que celle, qui a mon cueur,

Languist de mesme sorte.
Tous ces maulx nous faict recepuoir
Enuie deceuante,
Qui ne permect nous entreueoir,
Et d'en parler se vante.

Aussi Danger faulx blasonneur
Tient rigueur a la Belle,
Car il menasse son honneur,
S'il me veoit aupres d'elle.
Mais plus tost loing ie me tiendray,
Qu'il en vienne nuysance:
Et a son honneur entendray,
Plus tost qu'a ma plaisance.

Chanson.xxxvii.

Changeons propos, cest trop chanté d'amours:
Ce sont clamours, chantons de la Serpette:
Tous Vignerons ont a elle recours,
Cest leur secours pour tailler la Vignette.
O Serpillete, ô la Serpillonnette,
La Vignollette est par toy mise sus,
Dont les bons Vins tous les ans sont yssus.

Le Dieu Vulcain forgeron des haults Dieux,
Forgea aux Cieulx la Serpe bien taillante
De fin acier trempé en bon vin vieulx,
Pour tailler mieulx, & estre plus vaillante:
Bacchus la vante, & dit qu'elle est seante,
Et conuenante a Noe le bonshom
Pour en tailler la Vigne en la saison.

Bacchus alors Chapeau de treille auoit,
Et arriuoit pour benistre la Vigne:

Auec flascons Silenus le suiuoit,
Lequel beuuoit aussi droict qu'une ligne:
Puis il trepigne, & se faict vne bigne.
Comme vne Guigne estoit rouge son nez.
Beaucoup de gens de sa race sont nez.

Chanson. xxxiij.

LA plus belle des troys sera
Celle, qui mourir me fera,
Ou qui me fera du tout viure,
Car de mon mal seray deliure,
Quand a sa puissance plaira.

Pallas point ne m'aidera:
Iuno point ne s'en meslera:
Mais Venus, que i'ay voulu suiure,
Me dira bien, tien ie te liure
Celle, qui rauy ton cueur a.

Chanson. xxxiiij.

PVis que de vous je n'ay aultre visage,
Je m'en vois rendre Hermite en vng desert,
Pour prier Dieu, si vng aultre vous sert,
Qu'aultant que moy en vostre honneur soit sage.
A dieu Amours, a dieu gentil corsage,
A dieu ce tainct, a dieu ces frians yeux:
Je n'ay pas heu de vous grand aduentage:
Vng moins aymant aura, peult estre, mieulx.

Chanson. xxxv.

VOus perdez temps de me dire mal d'elle
Gens qui voulez diuertir mon entente:
Plus la blasmez, plus ie la trouue belle,
S'esbahist on, si tant ie m'en contente?

La fleur de sa ieunesse
A vostre aduis rien nest ce?
Nest ce rien que ses graces?
Cessez voz grands audaces,
Car mon Amour vaincra vostre mesdire:
Tel en m'esdict, qui pour soy la desire.

Chanson.xxxvi.

Pour la Brune.

POurtant si ie suis Brunette,
Amy n'en prenez esmoy,
Aultant suis ferme, & ieunette,
Qu'une plus blanche que moy.
Le blanc effacer ie voy.

Couleur Noire est tousiours vne:
J'ayme mieulx donc estre Brune
Auecques ma fermeté,
Que Blanche comme la Lune
Tenant de legiereté.

Chanson.xxxvii.

Pour la Blanche.

POurtant si le Blanc s'efface,
Il n'est pas a despriser:
Comme luy le Noyr se passe,
Il a beau temporiser.
Je ne veulx point me priser,

Ne mesdire en ma reuanche:
Mais i'ayme mieulx estre blanche

Vingt, ou trente ans ensuiuant
En beaulte nayue, & franche,
Que noire tout mon viuant.

Chanson.xxxviii.

IAy trouué moien, & loisir
D'enuoier Monsieur a la chasse,
Mais vn aultre prend le plaisir
Qu'nuers ma Dame ie pourchasse.
Ainsi pour vous gros Boeufz puissans
Ne trainez Charrue en la Plaine:
Ainsi pour vous Moutons paissans
Ne portez sur le dos la Laine.

Ainsi pour vous Oyseaux du Ciel
Ne scauriez faire vne couuée:
Ainsi pour vous Mousches a miel
Vous n'auez la Cire trouuée

Chanson.xxxix.

SI i'auoys tel credit,
Et d'Amour recompense,
Comme l'Enuieux pense,
Et comme il vous a dict,
Menteur ne seroit dict,
Ne vous froide amoureuse,
Et moy pauure interdict
Serois personne heureuse:

Quand viens a remirer
Si belle iouyssance,
Il n'est en ma puissance
De ne la desirer:

Et pour y aspirer
N'en doy perdre louange,
Ne d'honneur empirer:
Suis ie de fer, ou Ange?

Qu'est besoing de mentir?
I'ose encores vous dire,
Que plus fort vous desire,
Quand veulx m'en repentir.
Et pour aneantir
Ce desir, qui tant dure,
Il vous fauldroit sentir
La peine que i'endure.

Vostre doulx entretien,
Vostre belle ieunesse,
Vostre bonte expresse
M'ont faict vostre, a my tien:
Vray est, que ie voy bien
Vostre amour endormie,
Mais langueur ce m'est bien
Pour vous ma chere Amye.

Chanson xl.

NE scay combien la hayne est dure,
Et n'ay desir de le scauoir:
Mais ie scay qu'amour, qui peu dure,
Faict vng grand tourment receuoir.
Amour aultre nom d'eust auoir,
Nommer le fault Fleur, ou Verdure,
Qui peu de temps se laisse veoir.

Nommez le donc Fleur, ou Verdure
Au cueur de mon legier Amant:

Mais en mon cueur, qui trop endure,
Nommez le Roc, ou Dyamant,
Car ie vy tousiours en aymant,
En aymant celluy qui procure,
Que Mort me voyse consommant.

Chanson.xlj. Composée par Heroet.

QUi la vouldra, fault premier que ie meure:
Puis s'il congnoist son grand dueil appaisé,
La serue bien: mais il est mal aysé,
(Mort son Amy) qu'elle viue demeure.

Second couplet par Marot.

Je cuyde bien qu'elle mourroit a l'heure,
Que Mort viendroit tous les Amans saisir:
Mais si (toy mort) elle en trouue à choisir,
J'ay belle peur qu'a grand peine elle pleure.

Chanson.xlij.

MOn cueur se recommande a vous
Tout plein d'ennuy, et de Martire:
Au moins en despit des Jaloux.
Faictes qu'a Dieu vous puisse dire,
Ma bouche, qui vous souloit rire,
Et compter propos gracieux,
Ne faict maintenant que mauldire
Ceulx, qui m'ont banny de voz yeux.

Banny i'en suis par faulx semblant:
Mais pour nous veoir encor ensemble,
Fault que me soiez ressemblant
De fermete: car il me semble

Que quand faulx Rapport desassemble
Les Amans, qui sont assemblez,
Si ferme amour ne les r'assemble
Sans fin seront desassemblez.

Fin de Ladolescence
Clementine.

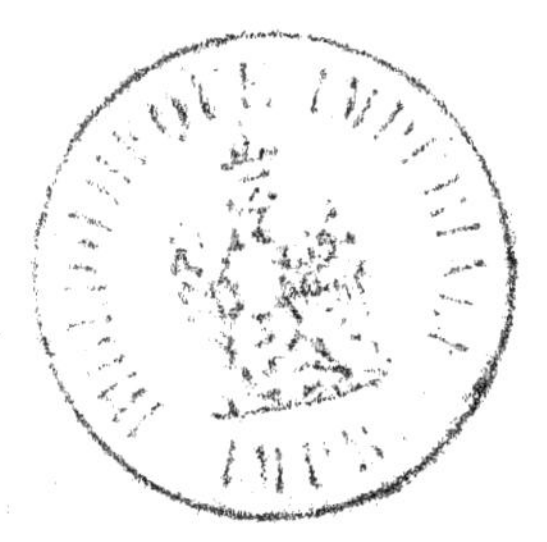

La Suite de La-DOLESCENCE CLEMENTINE:

Dont le contenu se trouuera en la page suiuante.

M. D. XXXVIII.

A Lyon: au Logis de Monsieur Dolet.

www.ingramcontent.com/pod-product-compliance
Lightning Source LLC
LaVergne TN
LVHW050535100826
845148LV00002B/562